ポチ・たまと読む

一流の仕事ができる人になる技術

ハイブロー武蔵＋ゆかいな仲間たち・著

総合法令

まえがき

世の中の変化がとても速くなりました。

価値感もずいぶん変わってきました。

仕事に対する考え方や見方も幅広いものがあります。

そんな中で「では今、自分が仕事の世界で評価される人間になるにはどうすればよいのかを知りたい」という声が私のもとに強く寄せられました。そこで、これからの時代を踏まえた一流の仕事ができる人になるための技術を、ここに示してみました。

一流の仕事ができる人は、人づき合いも、恋愛も、私生活も一流となっていくことは、ほぼ解明できました。

この本を読んで仕事に取り組んでいただければ、必ず、あなたは変わっていきます。

一流の仕事、成果の出る仕事をして、報酬の面でも自分が望むようになっていく仕事ができるようになります。

さあ、これから共に学んでいきましょう。一流の仕事を自分のものとしましょう。

ハイブロー武蔵

ポチ・たまと読む
一流の仕事ができる人
になる技術

目次

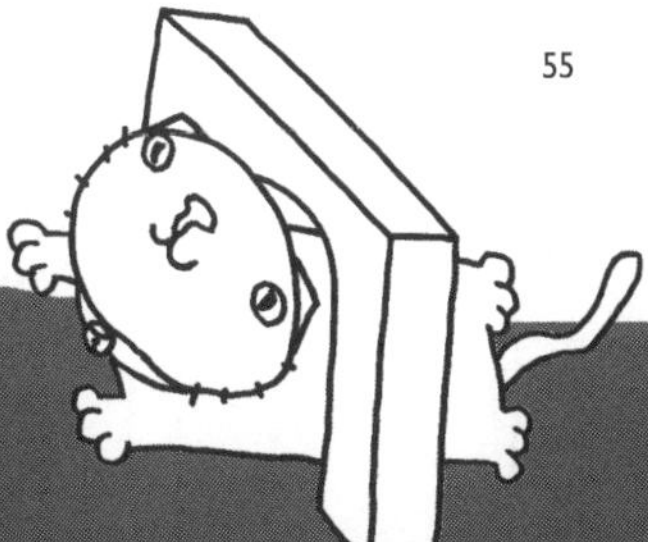

第4章　一流のビジネス術を身につける

第5章　失敗を乗り越えてこそ一流になれる

第6章　人は仕事を通じて成長する

第1章　人生は仕事次第で良くも悪くもなる

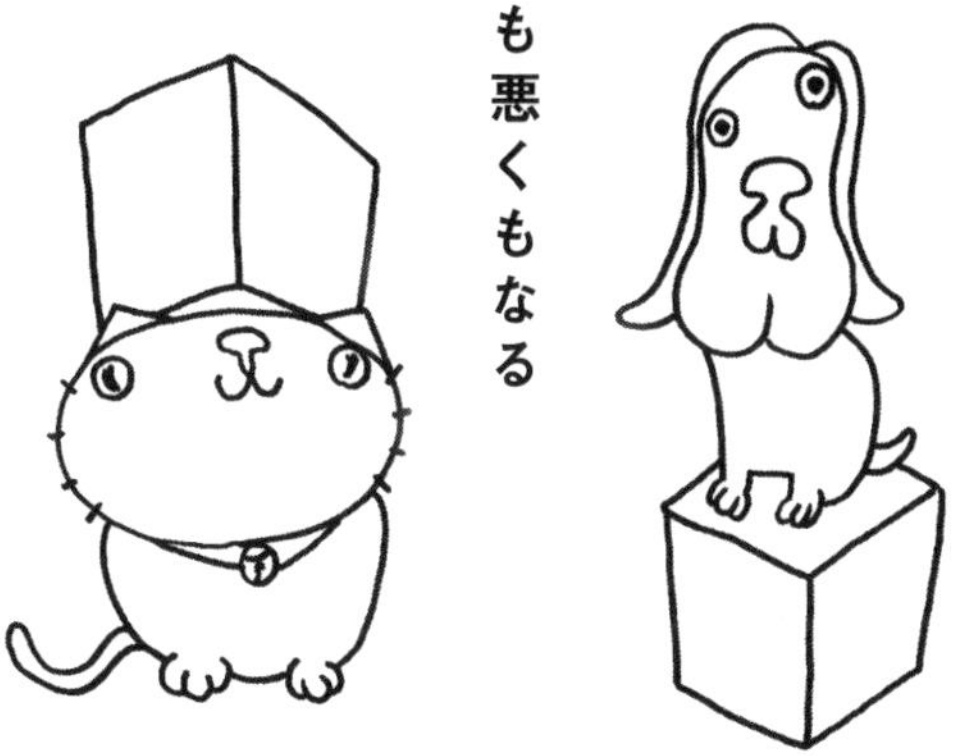

人は仕事を通して生きている喜びに気づく

仕事とは何でしょう。

一見やさしそうですが、けっこう難しい問題です。

特に、とりあえず何とか飢えることなく生きている現代では、昔に比べ仕事の意味もずいぶん変わってきました。

つい最近まで、人間における仕事とは、生きていくための物を獲得するためのものでした。

しかし、今では、それだけではないことは誰も知っています。

仕事は、自分という人間を見せる舞台だということです。

子供のころの夢は、ほとんどが、どんな職業につくかではありませんでしたか？

そうです。

今では、仕事は自分の人生をどう生きていくかの表現の場なのです。

さらにいうと、人は精神的生活を送るという面を有しています。ここが、ただ食べるだけという動物と違う点です。ですから、**人は精神の成長をはかりたいとも願う**のです。これが人間的成長というものです。

そして、この人間的成長は、仕事を通してなされるのが一番多いということができます。

家族は、出発点です。

学校は、人間的成長の基礎力を身につけるところです。

そして**仕事こそが、その成長を実現していくところ**なのです。

そのため、仕事で人は悩み、傷つき、苦しむともいえるのです。

なぜならそこが、私たちを人間として鍛え、成長させてくれるところだからです。

反対に、人が生きている喜びを感じることができるのも、仕事における確かな成果を手にした時でもあります。生きている喜びは、いろんなところに見つけることができるのですが、仕事がうまくいっていること、仕事を通じて自分が成長していくことを実感できることが、その喜びを一層強いものにしてくれるのです。

このように仕事とは、

①生きていくために物を得る場
②夢を実現させる場
③自分を成長させる場

なのです。

まずは食べていくためのものであった仕事だけど、今はそれに加え、自己実現をするところでもあるんだね。

仕事ほど、喜びや悲しみや苦しみを感じることはないね。それだけ人生においてやりがいがあるということだろうね。

第　1　章

仕事をしないと気づかない自分の本当の価値

人生で、大切な地位を占める仕事ですが、最近は仕事に就かない人もあるようです。

特に若い人に多いといいます。

なぜでしょうか。

一つの大きな理由としては、それでも何とか食べていけるからでしょう。

親が食べさせてくれるという人もあるでしょう。

他の理由として、よい仕事が見つからないから、自分のやりたい仕事がわからないから、という人もあると思います。不況も原因かもしれません。

私もその一人だったといえないことはないので、わからないではありません。

自分に不安があるのです。

このまま仕事に就いていくと、自分は自分を見失うのではないか、これまでの自分の夢をあきらめることになるのではないか、などの不安のため**一歩踏み出す勇気が出ない**のです。

確かに仕事に就けば、それでお金をもらえるわけですから、すぐプロとしての自覚と気力が要ります。お金をもらうに価するだけの働きを求められます。これは新人であろうがベテランであろうが同じなのです。

そのための精神的な疲労も大変なものです。

お客様や仕事の仲間とのやりとりも真剣そのものなので、大変な気力とエネルギーを要するのです。

しかし、人は、成長しなければならないという宿命を負った動物なのです。

そのための第一歩を、とにかく勇気を持って踏み出すのです。

自分を懸命に励まさなくてはなりません。

何があろうと、「私は成長しつづける。勉強して、よい仕事をして、結果を出して人に喜んでもらうんだ」という励ましをしつづけるのです。

すると必ず、前進していきます。**見た目には苦しくてつらいことばかりのようですが、確実に大きな成長を内面で遂げている**のです。

一歩踏み出せば、必ずたくさんの得るものがあるのです。

自分のまわりが、敵だらけに見えるかもしれません。

しかし、まわりは、あなたが勇気を出して前向きに仕事に取り組む姿を見ているのです。その姿を見ると、ホッとして声をかけてくれる人が必ずいます。

世の中はそういうものです。

みんな大差はないのです。

誰もが、最初はビクビクして始め、そして一つひとつ手応えを感じて一人前になっていくのです。

私自身もそうでした。

自分だけが遅れたのではないか、何もできないのではないか、と不安でした。

しかし、とにかく勇気をふりしぼって踏み出すたびに、何だか新しい自分に出会えました。

とにかく、何でもいいから**目の前の仕事に懸命に取り組んでいれば、変化する自分がいて、世の中も変わり始める**のです。

自分を中心とした一つの世界がそこから始まるのです。

仕事をする前は、なんだか知らないけど不安だよね。仕事を変えたときも同じ。とにかく考え過ぎずに始めることだと思う。

甘えてばかりの人生じゃつまらない。自分自身の生き方で、自分の人生をつくらなくては。とにかく行動すること。そして考えればいいんだ。考えてばかりじゃ、何も生まれないよ。

できない理由を探す人になってはいけない

仕事ができる人かどうかの最初の分岐点は案外、簡単なものです。

それは、新しい仕事やテーマを与えられたときに「はい、やります」というのか、

「えーっ。そんなのできませんよ」というのかで決まります。

自分のまわりを冷静に観察してみてください。

なんと「できない理由」をいい並べている人が多いことか。

「私には無理です」

「そんなのできるわけないじゃありませんか」

「他の人に頼んでくださいよ」

「もうよそでやってますよ」

「根拠を示してください」

「私にばっかり頼まないでくださいな」

などなどです。

このような言葉ばかりをいう人は、いつまでたっても大した仕事ができるようにはなりません。

仕事がおもしろいのは、自分が変われるからです。だからこそ、よい仕事も生まれるのです。

誰でもできる仕事ならば、よい仕事とはいえません。プロともいえません。

たとえマニュアルのある仕事でも、改善すべきことはいくらでもあります。予想しえない状況もいくらでも起きます。

これらの**新しいことに対応する意欲こそ、一流の仕事につながる**のです。

自分をふりかえってみてください。

できない理由ばかりを探していないでしょうか。

人のせいばかりにしていないでしょうか。

すべてにおいて、自分から始まるんだと考え、取り組む人の仕事は、必ずよい物を生み出していきます。

その意欲や心がけを絶対、忘れないようにしてください。
そうすれば、あなたは必ず一流の仕事ができる人になります。

ボクも気をつけたいな。うまくいきそうにないと、すぐ「そんなにうまくいくはずはないんだ」などといってしまいがちだもの。

もちろん、できないことはあるに決まっている。ただ、初めからできない理由を探していたんじゃ、何もよいものが生まれないということだよね。

才能のある、なしのせいにする人生はつまらない

人は、何かというと「才能」のせいにしがちです。

うまくいっている人を見ると「才能があるからね」といい、自分がうまくいかないときには「やっぱり才能がないからだよ」というように。

しかし、**人生が才能だけで決まることは、ほとんどありません。**

たとえば、生まれつき頭のよい人がいたとしても、まったく人に教わらず、勉強もしなければ、学校でもよい成績は取れません。

たとえ学校の成績がよくても、それだけでよい仕事、一流の仕事ができるわけではありません。日々の勉強と工夫がなければ一流の仕事なんて、できっこないのです。

ところで、「一流の仕事」とはどういうものでしょうか。

それは、端的に成果を出すということです。

では、成果とは何か。

それは、求められるもの以上の役立つ財やサービスをもって相手を喜ばすことです。このように相手を喜ばせられることが、世の中に貢献するということです。

日本の社会は、このところ行き詰まりを見せたといわれます。特に官僚中心主義、大企業における学歴主義による弊害が、社会から活力をなくしてしまったというのです。

ペーパー試験だけによる地位や、学歴による出世の差などがまかり通っているようでは、一流の仕事なんてわかるはずがありません。なぜなら、成果や社会貢献の差で仕事の力量をはかるべきだからです。

私は、日本の現在の停滞は当然のことだと思っています。

この学歴により差をつける社会や、官僚がすべての社会を動かす世の中が変わりつつあることは喜ばしいことです。やっと、日本も本来の姿に戻りつつあるのです。

「才能」や「学校の成績」などを口にして、できない理由にしてはいけません。そんなものは本来、幻想にすぎません。

もっというと、世の中で「才能」といわれているのは、突きつめると、単なる「向き不向き」のことではないかと述べているのは、国文学者の谷沢永一氏の見方です。

谷沢氏はこう述べます。

「人間に全知全能ということは有り得ない。かといって全く『無能』ということも有り得ない。つまり人間何かに『向く』のである」(『達人観』五月書房)。

私もまったく同感です。

たとえば、私は手先が不器用で、子どものころからプラモデルもうまくつくれませんでした。もし私が大工さんだったら、いつまでたっても力仕事以外はやらせてもらえないでしょう。体力には割と自信がありました。しかし、年を取るとそうもつづかないでしょう。ただ私は、お客様との話し合いは得意かもしれません。どんな家をどんなふうに、どのくらいの予算で、いつごろ建てるのか、などをまとめるという仕事です。いや、大工さんより植木屋さんのほうが向いているかもしれません。

とにかく、人間の才能の「ある」「ない」ということが、いかに間違った見方かということです。

あなたにも必ず、あなた自身を生かす役割があるのです。

第　1　章

ボクだって走るのは向いているけど、逆立ちは向いてない。なんだって向き不向きだよね。

自分の役割を見つけて、それを伸ばすことだね。何かちょっとできるからって、勉強したり努力したりしつづけないと、何の役にも立たなくなるよ。

運とツキのある人はココが違う

仕事をしていると、よく「運がいい」とか「ツイてる」という言葉を使います。

そして、運がよくなるためのグッズを買ったり、ツキを呼び込むためのマントラのような言葉を唱えたりする人もいます。

しかし、よく考えると、運とかツキといっても必ず理由があるものです。

端的にいうと、運もツキも、人が運び込んで来てくれるもの、人を介してやってくるものです。

ですから、答えは簡単。

人の役に立つことを普段からしている人かどうかで決まります。

つまり、よい仕事をしようとがんばって、人を喜ばせている人は必ず、運にもツキにも見放されるわけがないのです。

もっと具体的にいいましょう。

結局は、人生の成功原則に則《のっと》っている人かどうかなのです。

私はこう考えています。

まず、大原則として「**希望の星の光を見失わないこと**」です。いい換えますと「**絶対にあきらめない**」ことです。

そして成功の三原則とは、

①気概と熱意があること
②明るく、前向きであること
③思いやりと感謝の気持ちを忘れないこと

なのです。

この成功の三原則を心がまえとしたうえで、さらに次の三つの実践方法で仕事に取り組むとよいでしょう。

つまり、

①まず、自分のなりたいよいイメージを描くこと
②次に、そのイメージを具体的な目標とし、紙の上に書くこと
③その具体的目標に向かって毎日、工夫をこらし、勉強をつづけること

なのです。

こういう生き方をすれば、必ず、人に喜ばれなくてはならないと思う人となります。
よい仕事、一流の仕事もできるようになります。
人が、あなたを放っておくこともありません。
運とツキが次々に運び込まれるようになるでしょう。
だけど、待っても待っても何も来ないという方へ――。
もう一度、自分の生き方をふりかえってみてください。
希望を持ちつづけていますか?
熱意はありますか?
明るくやっていますか?
人への思いやりを忘れてませんか?

よいイメージができてますか？
正しい具体的な目標を紙に書いて眺めていますか？
日々、工夫していますか？　勉強していますか？
こうして、あなたにも必ず運やツキがどんどん向こうからやってくることでしょう。

運もツキも人がもたらすんだね。

だから、そういう意味でもよい仕事、そして一流の仕事をして人を喜ばす努力と工夫が大切なんだ。

一流の仕事をする人が、一流の恋愛をするのは当たり前

仕事と恋愛は、一見関係なさそうに見えます。

ところがどっこい、これが大ありなんです。

世の中をよーく見回してください。

まず、いいかげんな恋愛をしている人を見てください。どうでしょう。結局、仕事もいいかげんなはずです。

次に、よい仕事をする人、一流の仕事をする人を見てください。結局、よい恋愛をしているではありませんか。

つまり、私は仕事も恋愛も一流にならなくてはいけないと思うのです。

仕事も恋愛も、人生に欠くことのできない華です。生きがいをもたらしてくれるものです。

張り合いのある仕事、結果を出しつづける人は必ず、そういう自分にふさわしいパートナーや恋人を見つけ、さらに自分の人生の張り合いを高めていくものです。

ただ、こういう人はかなり慎重なので、簡単には妥協しません。つき合う相手が誰でもよいというわけにはいかないからです。

ただ、**必ずあなたを見ている人がいます。**

仕事でも一流になろうとがんばっているあなたを見つめている、やはり一流を目指すパートナー候補がどこかにいて、あなたを見ているのです。

だから今、パートナーや恋人がいないという人もあせってはいけません。誰でもいいからといって、自分にふさわしくない人とつき合うのはやめたほうがいいでしょう。

なぜならば、**人にはレベルというものがあって、つき合う人のレベルに合わせてしまうことになりかねない**からです。

逆に、自分のレベルに相手が合わせてくれるならばそれでもよいのですが、そんなに簡単なことではありません。

よい恋愛をしたいと願うのなら簡単です。

よい仕事、一流の仕事ができる人になればよいのです。

そうすれば日々努力している人に、必ず素敵なパートナーや恋人が現れるのです。

そうか、やっぱりなあ。仕事に、恋愛に、がんばるぞー。

とにかく、仕事をおろそかにしている人は、それだけの恋愛しかできないってことね。よくわかるな。私たちは、一流の仕事ができる人になるんだから、一流の恋愛も大いに可能ってことよ。

心から楽しめる遊びができる人になる

仕事で充実している人は遊びや余暇の時間も充実している人です。

なぜなら、いつも遊んでいるような人は、それが日常なので何の刺激も喜びもあるはずがありません。あるのは「何をやってもつまらない」「世の中、おもしろいことがあんまりない」などといって、道徳に反する遊びをしたり、自分に罪悪感を抱いたりしながら生きていくのです。

一方、仕事で一流といわれている人は、余暇の使い方も中味のあるものにしているはずです。

こういう人は、遊びの中からも仕事のヒントを得たり、人生で大切なことを敏感に学び取ったりします。

たとえば、自分の読みたい本をじっくり読んでみます。読書によって、多くのことに気づくことでしょう。なぜなら、たとえば仕事とまったく関係ないような本をリラックスして読んでいても、人生の真理や人の気持ち、それに人間関係のこと、歴史のこと、よい言葉の数々などを学び取ることができるでしょう。

これは、仕事を一生懸命に前向きに取り組んでいる人への〝ごほうび〟のようなものです。

また、レストランに行って好きな料理やワインなどを選ぶとき、その店のスタッフとの会話やサービスを楽しめる余裕も、日ごろの仕事が一流のレベルに達している人は持つことができます。ここまでまた、人生の楽しみも増えるのです。

こういう時に、自分の知っている限られた知識とウンチクのみで店の料理やワインなどを楽しもうとする人や、知識を自慢したがる人は、だいたい仕事の面でも二流以下であることが多いようです。

いつも、つまらないところでこだわっているからです。

自分一人で仕事をふりまわす人のタイプです。

以上から、私は**遊びにおいても心から楽しめて、人生を謳歌するような人は、仕事の取り組み方も一流であると**断言します。

ボクは、映画を観るといろいろ教わることが多いなあ。
これも、仕事をがんばっているからかな。

旅行に行くといろんなことを考えるね。いっぱいの刺激と、自分を客観的に見つめることができる。仕事についても社会についても考えることがある。だから、旅行は遊びと勉強を兼ねているようなものだと思う。

ハイブロー武蔵からの手紙 1

人生の目標がつかめない方へ

よく「自分の人生の目標がわからないが、どうすればよいか」「自分の生きがいを見つけるためには何をすればよいか」というご質問の手紙をいただく。

私も若いころ、こういう問いかけを自分にしていたから他人事ではない。

これは、そのような方への私からの手紙である。

結論からいいますと、あまり深く考え込むべき問題ではないと思います。とにかく、世の中に出て、自分のやれる範囲の仕事に打ち込んでいるうちに、何だか自分のやるべきことがわかってくるものではないでしょうか。

それと同時に次の三つをすすめさせてください。

まず、自分の書棚を持って、自分の好きな本を少しずつ集めてみることです。こうして集まった本たちを眺めているうちに自分の問題意識が明確になってきます。

次に、一人静かに瞑想する時間を持つことです。いつも人に囲まれている時間が多い現代だからこそ、一人の時間は大切なのです。静かに目を閉じているうちに、心の奥から小さな本当の自分の声が聞こえてきたり、宇宙につながる意識が共振して指示を与えたりしてくれることもあるのではないでしょうか。

最後は、自分の考えを文章にしていくことです。文章を書いているうちに自分の心の中がわかることも多いのです。日記や手紙でもよいし、ノートや手帳に書いてもよいと思います。

以上の三つのことをやりつつ（あるいはその中の一つでもよい）、目の前の仕事で成果を出すことに全精力を傾けてみましょう。

必ず、次の自分の姿が見えてくるはずです。

第2章　一流の仕事は向上心から始まる

向上心は「素直な心」から生まれてくる

一流の仕事とは成果を出すこと、つまり会社や組織に利益を生み、自分と仲間を豊かにし、世の中に貢献していくことです。

では、一流になるために一番大切な出発点には何があるでしょうか。

私は、まず、その人の中に向上心といわれるものがあることだと思っています。

向上心というのは、人間が人間として成長していくために不可欠なものではないでしょうか。

向上心とは、自分をより成長させよう、自分をよりよく役立つ人間にしよう、自分をもっと輝かせようとする心です。

前向きな心、意欲的な心です。

人間にとって一番のつらいことは、この向上心を否定されたときであるといえます。

「何もするな。ただゴロゴロしていなさい」

「ただベッドの上にいて、寝ていなさい」

「一年中、家の中で遊んでいなさい」

「一年中、一生、おいしいものを食べるだけでいいから、何もしないでください」

考えただけでも恐ろしい。

競争心や向上心というのは人間本来の本能のようなものです。

それを、たくさんの情報・複雑な世の中になって、ごまかしたり否定したりする人が出てきたためにおかしくなった面もあります。

素直な心で「自分を向上させたい」という心がけを持つのです。

それが自分を伸ばし、他人の役に立ち、結局、世の中に評価される人になっていくのです。


できるだけ素直に物事を見つめること。

自分の心を素直にしてやること。

そうすれば、必ず向上心が湧いてくるはずです。

問題があれば、乗り越えるのです。

じゃまする人がいれば、負けない自分にしていくのです。そして、さらに向上していくのです。

自分の心は、本来は素直で、丈夫で、柔軟で、元気なのです。

それを信じてあげるのです。

あなたは必ず、一流の仕事ができる人に向かっていくはずです。

やっぱり、仕事で一流になれるかどうかも、まず自分の思いや心がけが大切なんだね。

自分の本来持っている向上心の芽を育ててあげればいいんだ。余計なことを考えすぎたり、あれこれ疑ったりするからうまく育たなくなったりするんだよ。自分を信じて、自分を励ますんだ。「自分は必ずできる」ってね。

自分を「この程度のもの」と決めつけてはいけない

自分の人生を豊かにしていく人、仕事の力を伸ばしていく人の特徴の一つは、柔軟な学ぶ力を身につけていることです。

この柔軟な学ぶ力は、どうやって身につけるのかというと、それは自分の心がけ一つにつきます。

いい換えると、強い〝向上心〟を持っているかどうかではないでしょうか。

どうせ一回限りの自分の人生。

この人生において、自分という人間を思いっきり輝かせてみたいと思うのです。

いつも文句を言いつづける人生ではつまらない。いつも、自分を「ダメな奴」や「こんなものだよね」と決めつけてしまう人生は淋しい。

たとえば、小学生以来、たくさんの学校の先生に出会ってきたことと思います。

先生とて人間ですから、私たちと同じく欠点や嫌な面をたくさん持っているでしょう。ですが、他人を見る目や、人生でここに気をつけると人は伸びていくものだということを、ずいぶん知っておられるわけです。

ですから、先生の一言ひとことで人生が変わったという人もいます。経営学の世界的権威ドラッカー博士や英語学者の渡部昇一氏の著作の中には、小学生の時の先生の言葉や中学、高校、大学の時に教わったという先生方の話が紹介されています。

学ぶ態度、力のあるなしで、先生の教えも生きたり生きなかったりするのがわかります。

世の中に出てからも、学ぶチャンスはいくらでも転がっています。

人は、他人のことはよく見えます。私は、野球やラグビーの試合をスタンドでよく観ます。そこで私を含めた観戦者たちは、ゲームをしているトッププレーヤーたちの動きを見て、すぐに欠点を指摘できます。鋭い評論家、コーチとなります。その忠告を聞き入れて精進してくれたなら、その選手は立派な選手になれるかもしれません。

同じように、私たちのまわりには、自分と同じく欠点を多く持った人たちの群れでいっぱいです。しかし、「私」という人間を観る目はかなり鋭いのです。

「私」という人間が、強い向上心さえ持っていれば、柔軟な心さえ持っていれば、学ぶチャンスはどこにでもあり、学ぶ力も日々向上していくことでしょう。

仕事も、ますますできるようになるでしょう。

先日、電車の中で小学校高学年の二人がこんな会話をしていたよ。

「先生なんてさ、つまらない職業だよね」

「だからさ、大した人がいないんだよ」

この子たちは、こうした見方をこれからの人生で持ちつづけると、実に淋しい人生を送るんじゃないかと心配になった。

人から学ぶ力は、人生向上の決め手の一つだと思うんだけど。

どこかで気づいてほしい。自分も他人も人間としての素材は大して変わらないもの。ポイントは、柔軟な学ぶ力を持っているかどうか、つまり向上心を持っているかどうかだね。

小学校卒も東大卒も五分と五分。決め手はひたむきな熱心さ

結局、人生において結果を出す人というのは、学生時代の成績や、記憶力や腕力などではないようです。

何が決め手かというと、やはり向上心であり、それに加え、**いかに熱意を持ちつづけて取り組めるか**ということです。

私は、これを「ひたむきな熱心さ」と呼びたいと思います。

真剣に勉強しつづける心、学びつづける心ということもできます。

たとえばここに、とても学校の成績がよい人がいたとします。小学校以来いつもトップで、大学も東大あるいはハーバード。

で、この人は仕事ができる人かどうか。

それは、まったくわかりません。

仕事は、まず一人ではできません。たくさんの人たちの協力が必要です。仕事によっては手先が器用でなくてはいけなかったり、体力も当然求められたり、構想力が問われたりもします。

ですから、学校でよい成績をとったことをいくら自慢していてもダメなのです。私も世の中をずっと観察し、自分のまわりを見ていても、学校における頭の良し悪しは、仕事において何も決め手にならないと判断します。

やっぱり**大事なのは、その人のひたむきで熱心な生き方、取り組み方**なのです。学校でよい成績をとったり、よい大学に行ったことをいつも自慢しているような人は、絶対に一流の人にはなれません。

日本のある時期には、学歴や学校の成績の良し悪しが問われたこともありましたが、それは間違っていたことがよくわかったのです。

ただ、念のためにいわせてもらえば、学生時代に勉強しなくてよいというのではありません。学生時代の勉強はとても大事です。

基礎的な学力をつけ、まわりと競い合って、心の緊張を保つ。

こうした過程を、まじめにやり遂げることも将来の大きな財産なのです。

さらにいえば、ただ、学校に行けなかったことや学歴が大したことはないことを悲観することは何もないことも事実です。

田中角栄だって松下幸之助だって、小学校しか卒業していません。松下幸之助は、後に夜間の学校に通ったそうですが、それでも中くらいの成績だったといいます。

その松下幸之助はこういっています。

「賢いとか愚かとか言っても、人間におけるその違いは、神の眼から見ればタカが知れている。

それよりも熱心であること、何事にも熱心であること。誰よりも熱心であること。熱心から生まれる賢さが、自他ともに真の幸せを生むのである。

熱心は、人間に与えられた大事な宝である。そして、この宝は誰にでも与えられているのである」(『続・ＰＨＰ道をひらく』ＰＨＰ研究所)。

ボクにはうれしい話さ。学校の成績ではないんだ。仕事への情熱、ひたむきな情熱こそ大切なんだ。

一流とは本物ということ。本物とは、見た目も中味も心も兼ね備わっていること。熱い心なしに本物は生まれない。つまり一流にはなれない。

競争を楽しめば何も恐れることはない

健全な社会は、自由な競争が認められるという社会です。

原則としての自由競争の中で勝ち残っていくものが、その時点での「よいもの」であるのです。

逆に、この自由な競争が認められないところというのは、何が正しくて、何をすれば成果が生まれるのかが見えにくくなります。

いびつな世界、不健全なしくみとなってしまいがちです。

ですから、私たちは原則としての自由な中で、求められているものは何かを追求して、切磋琢磨していかなくてはなりません。

競争によって、よりよいものを生み出すとともに、自分も磨いて成長させていくのです。

しかし、競争といっても「弱肉強食でみにくい世界ではないか」と思ってはいけません。

正々堂々と、よいものを目指していくわけですから。

競走を楽しむというメンタリティを身につけていきたいものです。

お互いをにらみ合うのではありません。

刺激し合っていくのです。

恋愛だってそうでしょう。

ある人が、あなたはこういう人とつき合いなさい、なんて決めてしまう恋愛ではつまらないと思います。「私は、世の中で一番あの人のことを好きなんだから、私こそがあの人とつき合うんだ、恋愛するんだ」といってがんばるのでしょう。

そこで失恋したって、くじけることはないのです。

さらに、自分にとって他によい人がいるから、そうなった（失恋した）と思えばよいのです。事実、そういうものでしょう。きっと、もっと世の中には素敵な人が待っていてくれると信じてがんばるのです。

仕事も同じではないですか。

一度負けたから、失敗したからといってあきらめてはいけないのです。
この競争の過程で、私たちはかなりの力をつけているのです。
次は私たちの番なのです。
あなたが結果を出すのです。
こうしたくり返しが、一流の仕事を生み出す人を育てていくのです。

自由な競争こそ、よいものを生み出すしくみであることを再確認したよ。

競争といったって、ギスギスしたものではなくて、公明正大なもの。明るく楽しもう。仕事で伸びていく人とは競争を楽しむことができる人だね。

相手が何を望んでいるのかをすぐにつかみ、そこに自分を合わせてみよう

一流の仕事ができる人というのは、**自分をコントロールする力を身につけている人**です。

自分をコントロールできるから、一流の仕事もできるようになるといってもよいでしょう。

それほど自己コントロール力というのは大切なことです。

たとえば、朝起きても、何だか気分が乗らないこともあります。

しかし、気分が乗らないからといって、まわりの人たちを振り回すようではいけません。

自分の存在価値を、まわりの人に気を遣わせることに向けようという人は問題です。

経営者の中にもいます。

自分がトップであること、権限・人事権を握っていることをいつも示したくてしかたなく、会社の人間を自分の言葉や動き方で右往左往させて、それを確認したがるのです。

こういうリーダーの下にいたら大変です。不幸です。

少なくとも、自分はそうならないように気をつけたいと思わなくてはいけません。

成果をより生み出すためにどうするのかをいつも考えて、それに合わせて、自分の全精神・全行動を向けさせていく。コントロールしていく。これが大切なのです。

人間は感情で左右される動物です。

ということは、まわりの人たちも、お得意様・お客様も同じです。相手が何を望んでいるのかをいち早くつかみ、自分を合わせていけるようにします。

また、自分の仕事がうまくいかないときや、家族問題・恋愛問題など、仕事以外で問題があっても、仕事になったときは自分を強くコントロールして、集中させるようにしなくてはいけません。

この自己コントロール力は、いろんなところで求められます。

たとえば、早起きをする習慣をつけるときや手紙の返事を書かなくてはいけないときが考えられます。仕事が終わった後の時間に、本を読んだり語学の勉強をしたりするときなどもそうです。

また、家庭で仕事のうっぷんを晴らそうと八つ当たりしないようにすることなども、自己コントロール力です。

この自己コントロール力をつけるために一番重要となるのが、**強い強い「向上心」**なのです。

すぐカッとなるボクの性格も、強い向上心から生まれる自己コントロール力で直していくよ。

自分の感情やだらしなさを人にぶつけてごまかそうとする人は最低。決して一流の仕事なんかできない。

元気はつらつ、愉快な気持ちでいれば何でもできるようになる

あなたは元気はつらつな気分で仕事をしていますか？

あなたは仕事をしているとき、愉快な気持ちになっていますか？

元気はつらつで愉快な人であり続ければ、たいていのことは実現できてしまいそうです。

どんなに偉そうな人でも、暗くて陰うつで、まわりも落ち込んでしまうような人は、最後には結局、ダメになっていきそうではありませんか。

気分がよいということは、それだけでも価値があることです。

そして、そうした気分の下で進められる仕事も、気分のよいものとなっていくのではないでしょうか。

まわりの人たちからよい気力をもらい、仕事をスムーズにしていくことになります。

そして、知らず知らずのうちに力を蓄えていけるでしょう。

元気はつらつの人は疲れもたまりません。

スランプにも、そうそう深みに入り込まないでしょう。

私自身の体験からいっても、自分が一番伸びているな、力がついているなと自覚できるのは、人生に無理なく、自然体の前向きな姿勢がつづいているときです。

ですから、少々の問題も〝手応え〟としてとらえられ、これを乗り越えることで、また一つ力をつけることができるのです。

では、どうしたら元気はつらつで愉快な気分でいられるのでしょうか。

それはやはり、そういうふうに心がけるしかありません。

日ごろから「元気でいるぞ」「気持ちを爽快にしておくぞ」と、自分にいい聞かせておくのです。

そのうえで、相手を不快にさせないように、自分も気分よく接します。気分が落ち込むような人とのつき合いは、自分から遠ざけるのが無難でしょう。仕事にも影響を与えはするものの、得るものは何もないからです。

私は、本も映画も音楽も、こうした元気はつらつで愉快な気分になるものを好んでいます。

なぜなら、私は成果ある仕事をし、世の中の役に立つ人になりたいという「向上心」を大切にしたいからなのです。

スランプは誰にでもあるけど、長くつづかないような工夫をしたいね。人に迷惑をかけるし、自分の仕事にもさしつかえるし。

成長していくためのスランプや、前向きなスランプなら歓迎。ただ、気分はいつもさわやかに、壮快にしておく努力も必要。スランプも落ち込みもすぐ直るよ。

善いことをする人はずっと善いことをし、悪いことをする人はずっと悪いことをする

人は、その向上心を持って、不可能と思えることを次々と克服してきました。

その大きな力となるのが**習慣の力**なのです。

たとえば、人は仕事に取りかかるまでは気分が乗らないこともあります。

怠け心がどこかで首をもたげたりします。

ところが、時間を決めていて、その時間になったらすぐに取りかかるということを習慣にしておけば、何の問題もなく始められるようになります。

早起きもそうです。

私は、若いころ（大学生のころまで）朝寝坊でした。

しかし、ある時「これじゃ自分の人生いつまでたっても成長がないぞ」と思い、早起きを習慣にしてしまいました。

三十代になると、目覚まし時計なしでピタッと起きたい時間に起きられるようになりました。

まさに習慣の力です。

手紙もそうです。

私は、そう筆マメではありませんでした。

しかし、ある会社の法務セクションでビジネス文書を毎日作成しているうちに、文章を書いたり手紙を書いたりすることが苦にならなくなってしまいました。

今では、一日のうちの時間を決めて手紙やメールを書くようにしています。

習慣とはおもしろいもので、**善いことする人は善いことをずっとしつづけます。**その結果、人に信頼され、運やツキももたらされます。

悪いことをする人は、ずっと悪いことをしがちです。ですから、人生において年々、運命も厳しいものになってきます。

〝ヒットぐせ〟や〝勝ちぐせ〟などといわれるものも、習慣に近いものがあります。

ヒットするための行動、勝つための行動がある種、習慣化されているのです。

ですから、ヒットしている人、勝っている人の近くに行って、その行動をマネしてみるのもよいことです。

大体、**ヒットする商品をつくれる人は立て続けにヒットを出します。**

ヒットする商品をつくれない人は、どこかにヒットしないようにしてしまう習慣や悪いクセがあるに違いないのでしょう。だから、なかなかヒットを生み出す仕事ができません。

いわゆるコツというものも、よい習慣の中から発見されるものでしょう。

向上心を忘れずに、よい習慣をつくるように心がけ、成果を出している人からよい習慣やコツを学び取る姿勢を持つようにしたいものです。

相手をほめることも習慣にしてしまうと、何ともないね。自然にほめられるようになって仕事もうまくいく。礼儀・あいさつはもちろんだ。

勝つためのセオリーなんていうものも、習慣の延長上にあるような気がする。とにかくよい習慣は向上心に結果をもたらしてくれる偉大な力がある。

ハイブロー武蔵からの手紙 2

何から始めてよいかわからない人へ

「何から始めてよいかわかりません」というお手紙をよくいただく。本をたくさん読んでいるのだけれども、何を最初にやったらよいかわからない、というのだ。

これは、そのような方への私からの手紙。

この悩みは、一歩前進したものといえるのではないでしょうか。とりあえず、自分の向上心がうずいて、何かよいことに手をつけなくてはいけないと思っているからです。

さあ、次は実践です。

まず、仕事から始めましょう。

職場に人より先に着く、そして仕事の準備にとりかかります（これは、自分にもまわりにも変わったことがわかりやすくてよい）。

他人の悪口で盛り上がるのには参加しないようにします。

返事は元気よく「ハイ」と答えます。

仕事のスキルを上げることになるものを一つずつ勉強しましょう。たとえば手紙の書き方、ビジネス文書の書き方でもよいと思います。

自分の仕事に関連するビジネス書を一日三〇分でも読んでみます。とにかく何でもよいから、まず始めることが大切なのです。始めれば何かが変わり始めます。

次に私生活です。

寝る時間と起きる時間を決めて、それを守るようにします。

自分の目標や、考えていることを文章にしてみましょう。文章を書くことを続けてみましょう。日記やメモでもよいと思います。いつか、それを読み返して人生の目標をつくり、毎朝、出勤前に読むのです。

夜、寝る前に、自分のなりたいイメージを描きつつ、眠りに入るようにします。

以上は、私がやってみてよかったと思う事例です。ぜひ参考にしてみてください。

第3章

一流の仕事は人間関係が基本である

おいしいパンは一人ではつくれない

仕事は一人ではできません。

二人でもどうでしょう。

たぶん、何十人、何百人とからまって進むのが仕事というものでしょう。

たとえばパン屋さん。

どんなパンをつくって売るのかを考える経営者。

実際に、つくってみせる職人さん。

それをお客様に売る販売担当者。

もちろん、一人でつくって売るという人もいるでしょうが、その場合でも、何人ものお客様はいますし、原料を仕入れる業者さんもいるでしょう。そもそも、パンをどうやってつくるのかを学んだ人がいるのではないでしょうか。

パン屋自体が、ヨーロッパの長い人間の歴史の中から生まれ、日本においても、それなりの歴史があります（相馬黒光『黙移　相馬黒光自伝』平凡社ライブラリー参照）。つまり、決して一人ではパンはつくれないといえるでしょう。かこ　さとし氏の絵本の名作『からすのパンやさん』（偕成社）でも家族全員で工夫して大成功します。

ここで私がいいたいのは、やはり一流の仕事をするからには、人間関係においても一流を目指さなくてはならないのではないかということです。

人を愛し、愛される力。

人を想い、想われる力。

そして、いろいろな人の力を得てこその一流の仕事なのです。

ですから、つらいことも難しいことも多い人間関係なのですが、ここは逆に、**つらいことや難しいことを勉強の対象としていきたい**のです。

その結果、仕事の成果が見違えるほど変わってくるはずです。

人間関係をよくしていくこと、すなわち仕事力をつけていくことといえるのです。

私は、これまで人間関係で悩んでいないという人を見たことがありません。

必ず、何か難しい問題や、めんどうなことを抱えているものです。ただ、一流の仕事をする人は、それを自分の前向きのバネになるようにとらえているのではないでしょうか。

ですから、これから一流を目指す私たちは、問題があって当然、難しいのは当たり前くらいの気持ちになって「どうやって、よい人間関係をつくっていこうか」を考えましょう。

一流の人間関係をつくっていきましょう。

第 3 章

人間関係が大変なのは当たり前なんだから、あとは前向きによくしていけばいいんだよね。

自分のレベルに合うというのも人間関係のルール。自分をどのように変えていくかも見物だね。

人間観察力の弱い人は赤ちゃんから勉強し直そう

人生は、一面では人間観察の一生です。

赤ちゃんのときは、優しい母親に安心してスヤスヤ眠ります。母親は生涯の人間関係と人間観察の出発点です。

父親もこれに次ぎますが、母親ほどではないことが多いでしょう。

小学生になったころから、複雑な人間関係を実地で学び始めます。

そして、だんだんと「どういうタイプが自分にとって好ましいか否か」なども考え始めます。

中、高校生ともなると自分の考えが固まり始め、つき合う人も選ぶようになります。ケンカをして人間関係の強弱なども学び、さらには異性の存在が大きなものとなるのです。

さて、社会に出ると人間関係が一変します。

自分の力で稼ぐことが求められるからです。礼儀・あいさつの大切さを知り、時には、嫌な人にも頭を下げなければなりません。

ビジネスの世界は、競争が基本です。ですから**自分側の人間観察で戦力を把握し、相手側の人間観察でレベルをうかがい弱点を研究**します。

こうして、抜きつ抜かれつの厳しい世の中を生きていかなくてはなりません。

他方で、厳しいがゆえの喜びも知ることになります。

自分が苦しんでいるときに助けられたり、仕事に打ち込むその姿勢に感動したり、人間の中にも、こんなにすごい人・素晴らしい人がいるのかを知って感動するのです。

もちろん、どうしようもなく悪い人、つき合いたくない人も出てきます。その見極め方も、人間観察の中で身につけていかなくてはなりません。

私もたくさん傷つけられたり欺かれたりもしましたが、今では人間観察をすることが一つの興味のように楽しくもなっています。

今、こうして本を書かせてもらっているのも人間観察の成果なのです。

仕事をしていくうえで欠かせない力は、人間観察力です。**人間観察力の弱い人は、**

一流の仕事もできないでしょう。

最後に一つだけつけ加えます。

人間観察をするときには、**短所よりも長所にたくさん目がいく人は、人に好かれ仕事もやりやすくなる**と思います。弱点や短所ばかりを見つけて喜んでいるだけでは、一流になれないといってもよいでしょう。

ボクも相手の長所ばかり目がいくなあ。冷静な人間観察はちょっと苦手だけどね。

人には誰でも長所と短所があって興味深い。また、逆境や苦しい時の対応や、精神力も観察するとおもしろい。もちろんフィーリングが合うかどうかも大切だと思う。

「この人と一緒に仕事をしたい」と思われるようになる

「人に好かれる」といっても、どういう好かれ方なのかが難しいと思います。

何でも自分のいうことを聞いてくれるから、自分にお世辞をいってくれるから、では何だか淋しいです。

やはり、**「あの人は仕事ができて人間的にも信頼できる」**というのを目指したいものです。

昔から「人望がある」というほめ言葉がありますが、仕事をするうえで理想的なのは、この「人望」を得ることでしょう。

人望のある人の例を見てみましょう。

歴史的に有名なのは西郷隆盛です。

西郷は、なぜあんなに人望があったのでしょうか。

一つは**人柄**でしょう。広い度量に、いろんな人を包み込める大きな愛のようなものがあります。会う人は、その人柄にほれてしまうのです。人を愛する大きさがとても広くて深いように思えます。

仕事の面では**恐れを知らず、前に進むこと**でしょう。目的貫徹に向かって、求心力を持つほどの迫力で前に進んでいくのです。

さらには、**いさぎよい**ところでしょう。たとえ悪い結果が出ても人のせいにしないという態度です。

こういう西郷だからこそ「一緒にいるだけでうれしい」「共に仕事ができるのが喜びである」という人たちが、どんどん集まってくるのでした。

やはり人望というのは、相手に「この人といたら一流の仕事ができる」というような気持ちにさせる力のことだと思います。

共に仕事をできて幸せに思わせる力のことです。

それが人望だとすると、

普段の心がけは次のようなものになるのではないでしょうか。

①仕事に関しては一目置かれるくらいに打ち込み、結果を出すようにする
②人を不快にさせない。傷つけない
③言葉が前向きで、自分の夢を語れる。目標がしっかりしている
④自分の心を磨くような勉強を怠らない。読書も欠かさない
⑤失敗を人のせいにしない。問題を自分のものとして捉えている

逆に、①~⑤と逆の人は人に嫌われる人間、人望のない人間ということになります。人望のある人間こそ限りなく一流に近い人といえるのでしょう。

人望も、日々の努力で培われるんだね。

仕事がとてもできて、人柄も最高にいい人に、やはりあこがれるね。私もそこを目指して仕事に打ち込んでいくよ。

組織の中でも自分は「自分の会社の社長」でいよう

私はかつて、司馬遼太郎の『新史太閤記』（新潮文庫）を「人間社会で生きる知恵が多くちりばめられている」と紹介したことがあります（『読書通』総合法令出版）。

もちろん、今もそう思っています。

もともと豊臣秀吉が子どものころから大好きでしたから、なおさらこの本が気に入っているのかもしれません。

この『新史太閤記』は、仕事ができる人になるにはどういうところに気づかうべきかを教えてくれるよい本です。ですから時々、読み返しています。

よい本の定義はいろいろですが、私は「くり返して読みたい本」、「読むたびに教えられる本」はよい本だと思っています。

他にも、松下幸之助の『ＰＨＰ道をひらく』『続・ＰＨＰ道をひらく』（ＰＨＰ研究所）や福沢諭吉の『学問のすゝめ』『福翁自伝』なども、気になるとすぐに手に取ってしまいます。

学生のころは、本をくり返し読むのは有限な人生においてもったいないことのように思っていましたが、今では、良書のくり返しの読書こそ自分の心を練り、高め、人格の向上にも直結する重要な手段であるとまで思っています。

さて、話を戻しますと、『新史太閤記』の中で若き木下藤吉郎（豊臣秀吉）は、仕えていた松下嘉兵衛の家来たちを前にしてこういいます。

「わしは奉公を商うとるのよ」

つまり自分は、ただ単に松下家に使われるというのではなく、**一人の独立した人間としての誇り**をもって、奉公というものを請け負っているのだということでしょう。ですから、結果を出して松下家を喜ばせるのが、自分の喜びでもあり誇りでもあるということでしょう。

このような心がけを組織の中にいながらできる人というのは、確実に大きく伸びていく人といえます。私が、これまで見てきた多くの成功者というのは、ほとんど、このように「**自分はただ使われているんじゃないんだ。誇りをもって自分の仕事をやり**

遂げて、組織に貢献するんだ」と思っている人なのでした。

これはどんな職場なのか、どんな地位なのか、男も女も、また年齢も関係なく当てはまることです。

これからの日本人に特に求められる自覚があるとすれば、こういうことではないでしょうか。

谷沢永一氏も、司馬遼太郎の描く木下藤吉郎の心がけを個人レベルの成功のみでなく、社会の向上にもつながるものと高く評価しています。

「社会の向上をうながす根本の要因が、つまりは人の気持の捉え方であるとするなら、藤吉郎の心に期するところは、世間の水位を高めるための、ほとんど究極の心得事ではあるまいか」(『達人観』五月書房)

組織の中で自分をこうして育てられる人は、結果的に社会にも貢献しているということができるのです。

自分で選んだ仕事や職場なのに、「やってあげている」とか「いやいや働いている」なんて思っている人がいる。ホントに不思議だね、人間の気持ちって。

そう。自分の心がけさえ変えてしまえば、どんどんよい結果が出せて、どんどん成長していける。自分も組織や社会も、誇りを持って自分の仕事をやって成果を出そうとする心がけでよくなっていくんだ。

職場で群れる人、いつも誰かとベタベタする人にならない

職場でよい人間関係をつくっている人というのは、思ったより少ないようです。

必ず自分の足を引っ張る人がいたり、自分を嫌な気分にさせたり傷つけようとしたりする人がいるものです。

これは、子どものころや学生時代と同じといってよいでしょう。大人になった分、ずるく巧妙なやり方でいじめてくる人もいます。

そこで「どうすれば、うまくいくようになるのか」を考えてみましょう。

まず一番大切なのは、仕事へ対するひたむきな熱意です。この姿勢がある限り、一流の仲間が集まってきます。仕事に対する姿勢がいいかげんな人は、そのレベルの人しか集まってきません。ここでは、一流の仲間に認められることが最も重要なことといえます。

次にやるべきことは、他人への批判・悪口を減らすことを心がけることです。というのは、どんなにダメな人・嫌な人と思っていても、いつ何時その見方を変えるかわからないからです。本当におかしなことですが、人間関係は合わせ鏡のようなものですから、相手が自分へ好意的になると、こちらの対応も一変してしまうことはよくあることなのです。

一人ひとりの心の内面を見ると、みんな悩み傷つき「こんなことではいけない。自分をなんとかしなければ」と思っている人も多いのです。そうでなくては、人の気持ちや良心を傷つけることを生きがいのようにしている大バカ者は、とにかく無視することです。自分の世界から消し去ってしまうのです。

悪口をいう対象だった人が頼りになる仕事仲間になることは、けっこうあるのです。ですから、その可能性をつまないためにも、悪口・批判は減らしておくのがよいわけです。

なお、他の人が悪口をいって盛り上がっているときは、ニコニコ笑って聞き流しておきましょう。悪口も時には楽しいものですから、自分はいわないで、ただ聞き流すのです。おもしろくて笑わせる前向きな悪口は、ウィットやユーモアといった、教養人の誇りのようなものですから、おもしろくて笑わせる前向きな悪口の練習をするのもよいかもしれません。

最後に、**群れる人、いつも誰かとベタベタしている人には決してならない**ことをおすすめします。こういう人間関係をつくる人は、仕事の幅も一流の仕事も、よい人間関係もつくれなくなります。まわりにそういう人がいたら仲よくならないことです。あなたもそのできない仲間のらく印を押されてしまいかねません。

もっと細かな点は、ポチとたまに聞いてください。

ポチの「こういう点に気をつけてみよう」

①自分の生き方、信条が明確になっていること
②組織の目指す目標を理解していること
③感じる力があること

たまの「こういう点に気をつけてみよう」

①身だしなみがきちんとしていること
②礼儀正しく、あいさつもきちんとすること
③言葉づかいが汚くないこと

行きつけの店で本当に好かれているか

いろんな人とつき合っているうちにおかしなことに気づいたりします。

たとえばその一つに、ある人の行きつけの店に連れていってもらうと、大体その人がどのくらいの人であるかがよくわかるということです。

まず、行きつけの店がないという人も少し淋しい人です。また「行きつけの店はセブン－イレブンです」というのもちょっと悲しい。

次に、行きつけの店がけっこうあって、それぞれの店において好かれている人、人気のある人は、かなり人間としてよいところを持っている人です。仕事も間違いなくできる人です。ただし、お金の力だけで一見人気のあるように見える人は論外です。

新宿・歌舞伎町で二十三年もクラブを経営している門脇智子さんに聞くと、大体、次のような人が一流であるといわれています。

ママ、マスター、店の女の子の三者それぞれ全員に好かれている人は、ほぼ間違いなく仕事ができる人でしょう。さらに上を行く人は、そこに来る他のお客様にも好かれる人です。こういう人は一流の仕事ができる人でしょう。

さらに、三者のうち女の子だけに好かれる人というのは、女好きで油断ならない人であることもあります。気くばりもあまりできていない人でしょう（ママを無視するのは言語道断の人）。

マスターだけに好かれる人というのも、同性愛者か変わり者（?）であることが多いでしょう。

ママだけに好かれる人は、そこそこ仕事はできますがガンコな人です。

三者のうち二者に好かれる人も、まあまあの人です。中間のレベルといってよいでしょう。

以上は、クラブやバー・スナックなどの話ですが、居酒屋やレストランでも同じです。不思議なことに**お客様商売をしていると、自分のことはわからなくても、お客様のことはよく見える**ものです。私も若いころ、うどん屋のカウンターから、うどんをするお客さんを眺めたり、ちょっとした会話をしたりするとき、そのお客さんの人柄や、おそらく仕事の力量まで、なんとなくわかるように思えました。

フィリピンクラブを経営しているときは、お客様のお酒の飲み方、スタッフとの会話、特に店の女の子たちとの接し方で、その方の人となりがよくわかったものでした。

一見できそうに見える人でも、女の子にだらしなかったり威張って自慢ばかりしたりする人や〝札束でひっぱたく〟的な人は、やはりダメな人で、仕事も一流には程遠い人です。

自分の行きつけの店があるなら、注意して観察してみてください。**自分が三者（店の人みんな）に好かれているようであれば大丈夫**です。

相手も客商売ですから、そう簡単に本音は見せません。私も時々「ここが私の行きつけの店で、私顔なんですよ。ハハ」なんていわれて、連れていかれたら「あれー、この人ぜんぜん好かれてないよー」とわかったりすることがあるので要注意。

どこに行っても三者（店の人みんな）に好かれているようであれば、あなたの人間関係力や仕事力も一流である可能性は高いといえるでしょう。

第 3 章

クラブのママを何十年もやっている人って、恐いよねぇ。何でもお見通し。ただし、若くて美人ママであることを売り物にして〝できる男〟を語る人は、あんまり参考にならないね。

行きつけの店で好かれるコツはどんなんだろう？
仕事のときとほぼ同じかもしれない。

①まわりの状況に気くばりできて、そのうえほめ上手。言葉遣いもよい人。

②そばにいて会話をすると心がワクワク楽しくなる人。疲れない人。そして、もちろん支払いは、いつもスッキリと気持ちよい人。

③気概と誇りを持って仕事をしているのがおもてに表れている人

たった今、自分が変われば、すべてが変わり始める

会社のことを批判ばかりする人がいます。

不満やグチばかりいい続ける人も多いようです。

私は若いときから、そんなとき、よくこういいました。

「あなた、まず自分が変わってみたら。まず自分がお手本見せたら」

すると、その不満だらけの人は「つまんない奴だなあ。話合わせろよ」という顔をします。

でも、だんだんと私の前では、批判や不満やグチをいうのが減ってくるのです。

ポチ・たまシリーズの『ポチ・たまと読む ココロが成長する言葉の魔術』（総合法令出版）を読んだある女性の方からこんなお便りをいただきました。

要約します。

職場は、テレビ制作を請け負う会社です。社内では、汚い言葉で人を傷つけたり、世の中の不満やグチ、会社の批判ばかりをいう人たちが群れを成しています。リーダーシップを発揮する人も、その群れの中の中心人物なんです。私も、ついつい引っ張られていました。

しかし、「ココロが成長する言葉の魔術」を読んで決心したのです。私はよい言葉、正しい言葉を使っていこうと。

すると、どうでしょう。私のまわりが変わってしまいました。

群れを成す連中に代わって、前向きで仕事に打ち込んでいる人たちが私に話しかけてくれるようになりました。会社をよくしていこうという人たちがいるのがわかりました。毎晩遅くなっても仕事は楽しくて充実してきました。社長も、だんだん私の仕事ぶりを評価してくれました。

言葉を変えるだけで、こんなにも私の人生が変わり始めたのです。

そうなんです。

自分という人間は、結局これまでの自分の生き方の集大成でしかありません。

ですから、**たった今、自分が変われば、次の自分はまったく違った自分になっていきます。**

自分が変わると、まわりの人たちにも必ず影響を及ぼし、自分の環境も変わります。

人間関係は結局、自分自身の問題でもあるのです。

まず、私が変わろう。

言葉だけでもよいから変わってみよう。

必ず何かが起こる。

第 3 章

そうか。人間関係は、まずは自分の問題としてとらえなくては。ボクがなりたい自分に変わっていけば、まわりもよい方向に進んでいくんだね。

言葉が人間関係をも左右することに注意しなくては。さあ、よい言葉、正しい言葉を。

ハイブロー武蔵からの手紙 3

仕事が続かない方へ

ある中年女性の方から「仕事が好きになれません。職場の人たちにもなじめません。どこに行ってもすぐ辞めることを考えてしまいます。でも仕事はしたいんです。働きたいんです。どうしたらよいでしょうか？」という深刻な悩みのお手紙をいただいた。

私は次のような返事を書いた。以下はその要約。

最初から好きな仕事なんてそうありません。

仕事は、打ち込んで働いているうちに好きになるのではないでしょうか。

それが私の経験から気づいたことです。

たとえば塾の講師になったとき。子供たちは皆いじわるで、タチの悪い質問やおしゃべりばかり。親はうるさく、そのご機嫌をとれという経営者。「もう嫌だ、こんな仕事」と思っていたら、自閉症気味の子が口をきいてくれた。不登校の子が笑ってくれた。受験生が志望校に受かって大喜びしてくれた。スケ番・不良の女の子が「勉強おもしろいよ」といってくれた。などなどで、なんてやりがいのある職場なんだと思えるようになりました。

でも、私が嫌な仕事だといい続けていれば、ずっとそうだったかもしれません。

どんな仕事でも工夫とやる気で好きになれるものだと思います。そうしたうえで、自分の本当にやりたいことも見つかるものではないでしょうか。

ある人の言葉として教わりました。

「聖書の中で天使が降りてくるのは、仕事をしている時だけだ」と。

第4章　一流のビジネス術を身につける

仕事の段取り——長電話やインターネットを見てばかりの人は仕事ができない人の典型

仕事の成果を次々と産み出して日に日に成長していく人と、まったく伸びていかない人の違いは、同じように仕事をやっているつもりでも、中味が異なっていることが多いようです。

仕事のできる人は目指すべき成果を自覚したうえで、まず重要なことから手をつけ、テキパキと進めていきます。そしてちょっと空いた時間などに、細々した仕事なり雑用や知識の習得なりをこなしていきます。

これと逆で、仕事のできない人・成果の見られない人の特徴は、懸案の仕事や今やっておけば組織に大いに貢献できるような仕事は、しんどいので先送りにします。そして、やはりどこかの同じようなタイプの人と長電話で時間をつぶしたり、パソコンに向かってインターネットを使って調べものをしているふりをしたりします。あるいは仲間と雑談しています。はたから見ていると、仕事をしているように見えますが、ほとんど中味のない仕事です。おもしろいのは、こういう人こそ不満や不平をいつも口にする傾向があることです。

人が多くなればなるほど、必ずこういう人は出てきます。これは、ある面ではしかたないことかもしれません。しかし自分は、そういう人の仲間に入ってはいけません。一生を考えると大きな損失です。

そこで、まず、仕事を始めるにあたって**今、自分がやらなくてはいけない仕事を重要な順にメモをして確認します**。期限があるものや、仕事の規模・費用の大きいもの、利益の大きいものは要注意です。

前提として当然、人生の目標も明確にしておきます。

手紙やメールは、一定の時間を決めて処理するのを原則としておいたほうがよいでしょう。これで一日をつぶす人もあったりします。時間をかけるとキリがないものです。

電話も、あまり長く話すのはよくありません。つまらない雑談の電話は早めに切ります。出ないことがあってもかまいません。ただし、相手がＶＩＰクラスであれば、印象をよくするため、情報収集するためには、気持ちよく対応しましょう。時間をかけてもよいでしょう。

仕事の段取りをうまくするためにはビジネス手帳は不可欠です。いつも、それで自分のやるべきことを確認しつつ仕事を進めます。

そして、**途中で気づいたこと、〝ここ〟を変えればさらにうまくいくことがわかったら、すぐに手を打ちます。**上司に相談したり、仲間に提案したりします。

このように仕事の段取りを考えられる人は、余暇に自分の学ぶべきことや将来学ぶべきことも見えてくる人です。

段取りを工夫して一流の仕事をできるようにしたいものです。

第　4　章

仕事の中味が問題だね。忙しそうにしていても、どうでもいいようなことばかりやっている人もいる。その人の人生がいかにももったいない。

私は、仕事は自分で創り出す面があると思う。与えられた職務の中で工夫し、自分で成果をより上げようとすると、次々にやるべき問題が見えてくると思う。仕事を他人から指示されない限りやらない人は、決して一流にはなれない。

仕事は迅速に——できる人には、どんどん仕事が生まれてくるという原則がある

昔から「仕事は一番忙しい人に頼め」といわれてきました。

それは、早く仕事をしている人こそがよい仕事をするというのが、皆わかっているからです。

仕事は時間をかければよいというわけではないのです。

ラーメン屋さんやレストランでも、繁盛してお客さんが次々とやって来る店はやはりおいしいものを出します。

よい仕事は、どうしても次々に人から頼まれるので、ますます速く処理するようになります。速く効率よく、しかも仕事の質を落とさないための工夫もします。だから、その人はますます仕事ができるようになるのです。

一方、仕事の遅い人は、できない理由ばかり探していいます。

「だって、大変なのよ。あれもあるし、これもあるし」と。

これでは、だんだん人も頼りにしなくなっていきます。

ですから、仕事のできる人になりたい方は、より速く、より効率的に、しかもレベルを落とさないで仕事をするように心がけていくことが求められます。

仕事が早く終わって困るって？

いえいえ、仕事はどんどん生まれます。

仕事がないっていうことは、あなたが仕事をしていない証拠。

仕事は、できる人にはどんどん生まれるという原則があるのです。

それに、**仕事というのは自分から創り出していく**という面があるのです。

残業も、無意味なものはやめましょう。

できるだけ、スピードを上げることを工夫して五時や六時に終わらせてしまう。そして、その後は自分のスキルアップのためや、人間としての器量を大きくするための勉強の時間に使います。あるいは、素敵な友人・恋人や、家族と交流したり、会話を楽しんだりします。

結果につながらない仕事に時間をかけて夜遅くまで続けていて、次の日は疲れて、朝からボーッとしているようでは最悪でしょう。

それより、朝早く起きてスッキリとし、本を読んだり散歩をしたり、会社に早目に行って仕事の準備をしたりしたほうが、何十倍もよい仕事ができるようになります。

もちろん忙しいときや大切な仕事があるときは、遅くなるのは当たり前です。仕事はメリハリが大切なのです。

すぐ動くこと、早く仕事を処理していくこと、仕事にメリハリをつけることを心がけよう。

スピーディーに仕事をしていく人って、姿が美しいよね。ほれぼれする。私もきっとそうなろう。

ビジネスマナーも大切に
——愉快な人のつながりをつくるためにすべきこと

ビジネスの中味が時代の変化とともにかなり変わりつつあります。それとともにビジネスマナーもデジタル時代に合わせたかのように変わっています。

たとえば、ビジネスマンでもノーネクタイの会社が増えてきました。手紙やビジネスレターの代わりにメールも多用されています。目上の人に対してもいきなりメールであいさつするという人も出てきました。

名刺もユニークなものが増え、おみくじのついた名刺、五円玉のついた名刺、あぶら取り紙のついた名刺なども出てきました。

女性社員が来客者にお茶を出すことが少なくなり、セルフサービスでコーヒーを飲ませるなんて会社もあります。

受付はいかついガードマンで、そのガードマンを通してからでないと会社の中に入れないというところもあります。

接待が減り、席順なども、それほどうるさくいわれない傾向にあります。

茶髪にピアスで解雇騒ぎという時代もなつかしくなりつつあります。

では、ビジネスマナーは不要に近いのか。

私は、そうは思いません。

ビジネスマナーというのは、ビジネスが人と人とのつながりで進んでいる以上、なくなるものではありません。なぜビジネスマナーが必要なのか。それは、相手に不快な思いをさせずに仕事をスムーズに進めるためです。

相手を不快な気分にさせたら、ビジネスマンとしては失格なのです。

ですから、ビジネスシーンごとにビジネスマナーを考えなくてはいけない時代となった今こそ、相手の気持ちをはかりつつマナーを忘れないようにしたいものです。

たとえば、コンビニの店員のピアスや茶髪はがまんしたとしましょう（本当は、嫌ですが）。しかし、お寿司屋さんのピアスに茶髪・長髪は勘弁してほしいと思います。

取引先の方が五〇歳過ぎの年配の方だったら、名刺の出し方からソファーの座り方まで十分気をつけておくべきでしょう。

いきなりメールであいさつしてしまうことに対しても、相手がそれを嫌がらないかどうかなどを考えなくてはいけません。

すべてのビジネスは相手あってのこと。人と人との愉快なつながりの中で成果が生まれるもの。だから、ビジネスマナーにはいつも気をつけるべきなのです。

外国人ビジネスマンとつき合うにも、相手の国のビジネスルールやマナーを、一応は理解しておきたいものです。

最近、五十代の読者の方からこんなメールをいただきました。

「香港の会社から同じグループである台北の会社に移りました。しかし、香港の社風とビジネスの進め方やマナーと、台北の社風とビジネスの進め方やマナーがまったく違うので、精神的にまいっています。どうしたらいいでしょうか」

この方、私の著書『サクセス・スパイラル』（総合法令出版）のやり方で、ほぼ元気になり、また、くさることなく新しい世界での生き方やマナーを身につける覚悟で進んでいきました。アドバイスとしてはもう一つ、早朝の瞑想で弱気な心を安定してもらうことにしました。

人が一人でビジネスができない以上、こうして、いつも勉強と工夫をつづけて、ビジネスマナーにも気をつけたいものです。

ビジネスマナーにも時代の激しい変化の波を受け、変わりつつあるんだね。

基本は、気持ちよく、さわやかに、相手の心に気くばりをするという精神を持つことだね。あとは、場所や相手の年齢などによっても変わることを忘れずに。

ミーティングが活性化している組織にする

これまでの日本の会議やミーティングというのは、形ばかりのものが多かったようです。

ほとんどが根回しで決まっていたり、トップの判断を伝える場であったりします。

ただ、最近のように、動きの速いビジネス界では、そのテーマに合ったメンバーで、より効果をあげるためにミーティングを開くことも増えてきたようです。

ミーティングの活性度合いで、組織内の活力も違ってきます。

そこで、ミーティングの心得をいくつか考えてみました。

第一には、**ミーティングの目的を明確にする**ことです。

目的を忘れて、議論のための議論に陥りやすいのです。特に、大きな声で自分を目立たせたい人がいるような場合は、この危険性は高くなります。司会者や進行役の手綱さばきが重要です。何を決めるためのミーティングか、何を生み出すためのミーティングか、それも最終的には何に貢献するためのものなのかを決して忘れないことです。

第二に、**時間をかけすぎない**ことです。

時間がかかっていること自体で、そのミーティングは、かなりマズい状態となっているでしょう。時間は決めておいてやるのがよいでしょう。

第三に、**進行役はリーダー的存在の人**であり、仕事のできる人に限ります。ミーティングの良否もかなり進行役に負うところがあります。

第四に、**発言は短く、気持ちは込めてよいが決して感情的にならない**ことです。ベンジャミン・フランクリンは、発言は「謙譲」の心を持って行うことといっています。

「たとえまちがいだと思われることを人が主張したとしても、頭からその人の意見に反対したり、いきなりその主張の不合理な点を指摘したりして、自分が優越感にひたるようなことはやめた。そして自分の意見を言うときも最初に、時と場所によってはあなたの意見も正しいと思うが、現在のようなケースではどうも違って見える、私にはそう思えるが、などと述べるようにした」（拙訳、ベンジャミン・フランクリン著『人生を幸せへと導く13の習慣』総合法令出版）。

こうしたやり方で、フランクリンはアメリカの創生期のリーダーとして、最も大きな影響力を行使できたと自ら述懐しています。

会議やミーティングほど人の感情が出やすいところもないので、「謙譲」の心得は決して忘れないようにしたいものです。

会議とか、ミーティングは苦手だなぁ。すぐねむくなってしまんだ。

それは、目的がはっきりしなかったり、会議のための会議だからだよ。ビジネスを進めるうえで不可欠な会議であれば、自分も気をゆるめずにね。ただし、発言は「謙譲」の心を持ってね。

食事やお酒の場では仕事の力量もすぐ見抜かれる

仕事が一流に近づいていくと、必ず出てくるのがキーパーソンの人たちとの食事です。お酒も飲まなくてはならないかもしれません。

いくらテレビや映画で著名人たちの食事を見慣れているとはいっても、実際に自分がその場にいることを思うと、ドキドキします。

特に日本人は、若いころからパーティーなどに慣れていませんから、難しい面もあるようです。

実は、私も苦手なのです。できるだけパーティーなどには出席しないようにしています。

ただ、一対一や数人でテーブルを囲むようなじっくりと話ができる場は嫌いではありません。**仕事に熱心な人や成果を出している一流の人たちの話を聞くのはおもしろ**

くてためになる勉強だからです。

お酒が入って、相手の人が柔らかい雰囲気になると、もっとリラックスして楽しめます。私のほうは、お酒が入っても変わらないので緊張もほどほどですから、安心できます。酒グセの悪い人やアルコールが弱い人は、はっきり飲めない体質であることを相手に申告しておいたほうがよいでしょう。

食事やお酒は雰囲気をリラックスさせたり仲間意識を強めたりするためにあります。自分の欠点も出やすい場でもあるのです。そういう場で失点となったり、取り返しのつかなかったりするような言動をしないよう注意しなくてはいけません。

テーブルマナー等については、一応のことを知っておけばよいと思います。一番大事なのはハートですから。おすすめなのは、気取らない店で経験豊富なスタッフやソムリエと仲よくなって、普段からいろんな話をしておくと役に立ちます。彼らは実にたくさんのお客様と接し、いろいろな料理やワイン・チーズのこと、マナーのことを驚くほど知っているからです。

あとは会話の内容です。**テレビだけの知識の人と、本を読んだり音楽を聞いたりしている教養豊かな人とは、大きな差が出てくる**でしょう。なにより、その人の普段の仕事に対する姿勢、生きる姿勢も含めた全人格的なところから出される品性も試されることになるでしょう。

そういう意味で、相手の本質・本性を知りたいために食事やお酒の場も用意されるのです。そこでは、相手の実力もすぐ見抜けるのです。

食事やお酒の場は楽しく愉快なのですが、油断できない場でもあるのです。

お酒で乱れて本性を見られるってことあるね。テーブルマナーは苦手だけど、慣れればなんとかなるかな？

人間も動物だね。おいしいものを食べたり飲んだりしているときは、幸せになってしまうんだ。それがよい仲間とともにだったら最高！

ビジネスレターや手紙で飛躍のチャンスをつかむ

仕事のできる人、一流になれる人の特徴は、相手の心をきちんとつかめるということです。

会話でもそうです。

仕事の進め方もまたそうです。

そして、**ビジネスレターや手紙・ハガキの出し方、書き方も同じく、相手の心をつかめる人が、どんどん仕事の質と量と幅を広げていく**ようです。

最近ではメールの出し方、書き方も、これに入れてよいでしょう。

まず、ビジネスレターですが、これにはある程度の形式があります。歴史がある会社ならばその基本パターンがあるでしょうから、一応それに従って書くことを覚えたいものです。その基本に、自分なりの工夫や自分ならではの文章やコメントを失礼にならない範囲で書いてもよいでしょう。基本パターンがなければ、市販の文例集を見つつ、自分の基本的なレターを確立します。

大切なのはタイミングです。返事はすぐに出しましょう。重要なものは簡易書留を使ったり、法律文書は内容証明を使ったりと、場合によって使い分けます。

手紙は、ビジネスレターの一種に入れてもよいのですが、それよりも広く、私信であることも含みます。ビジネスレターほど堅苦しくなく、人間味・教養・思いやり・愛情などを込めます。使いようによっては、これほど強力な武器はないのです。

まだかけ出しの新人でも、手紙一つで、相当な実力者の気持ちをつかむ例はよく見かけます。

もちろん、逆のこともあります。**手紙やビジネスレターの書き方一つで信用を失くすことだってある**のです。

私は、手紙ほど、書く人の心がそこに表れるものはないと思っています。

ですから、手紙を書くこと自体、人生の大きな舞台で、自分を試す場・学んでいく場であるとも考えています。

よいビジネスレターや手紙の秘訣は、次の三つだと思います。

①うまくなるためには、よい文章を書くためには、多く書くこと

②心を込めて、ていねいに書くこと

③封筒や便せんにも気を遣うこと

どんどん書いて、大きな飛躍のチャンスをつかんでください。

心のこもった手紙をもらうと本当にうれしいね。

よい手紙・よいビジネスレター・よいメールは、その人柄がよく伝わって、気分のいいものであることが条件だと思う。

自分の好きな仕事の分野は何だろう？

終身雇用的な仕事が減り、その人の個性や能力による仕事がこれから求められていきます。

これは一見、大変なことのようですけれども、実はとてもよい面が多いのです。終身雇用となると、必ずしも自分のやりたい仕事や向いた職務でない場合もあります。もちろん、意欲の少ない、向上心の不足気味の人には、居ごごちがよいところもありますよね。学校の成績はよくて、有名大学を出たというのだけが売りの人にとってもそうでしょう。

しかし、これは見合結婚と恋愛結婚のようなもので、自分の意志で選び、生きていこうという人生を進みたいと思うのが健全ではないでしょうか。すべて基本は自分の選択で生きられるようにしていきたい。

それが可能となったのが、今という時代なのです。人間社会もついにここまで来たのです。

終身雇用のときは、まわりに気づかい、出る杭は打たれやすく、息苦しい面もありました。会社は一種の共同体で、愛社精神も強くて団結力もありました。しかし、それもこれも会社の都合です。右肩上がりで経済が成長していく場合に、人員確保のためには必要だったのです。もう、こういう時代ではなくなりました。人員がほしいといっても、単純労働ではなくて、その**仕事を遂行できる個別の能力が求められている**のです。

リーダーや経営者になるためにも、これまでのゼネラリストと呼ばれた、まんべんなくいろいろな職務を経験していく人よりも、一つの能力を極め、それを核に幅を広げていく人のほうが、力を発揮できるようになりました。

一つの得意分野を持ち、それを極めていくことは、そう簡単ではありません。たゆまぬ努力がいります。勉強の継続も必要です。

ただ、**得意なものが花開けば、仕事も楽しく、会社やまわりからも喜ばれ、自分の人生も主体的に、思うように生きていける**のです。少なくとも、その手段と機会を持てるようになるのです。

では、どうやって得意な分野を見つけたらよいのでしょうか。

一番理想的なのは、自分が好きな仕事の分野のものです。

次には、目の前にある仕事の中から見つけます。これができるのが一番力をつけていくためによいと私は思っています。自分の夢も案外、こういうところから道筋が見えたりもするもののようです。

さらに、父親の仕事を継いで、その中から新しい展開が見えることだってあるでしょう。いつまでも同じやり方では生きていけないかもしれません。工夫に工夫を重ねていけば、自分にしかできないものが発見できるかもしれません。

なお、英語などの語学を、一つの得意分野とするのもよいでしょう。ただ、今から英語だけではだめです。英語は得意なものを補強する一つの武器と考えるべきです。

ただ、いくら強くなっても損することはないものといえます。

今は、英語ができるというのも一つの常識と見てよいのかな。それプラスの専門性が大切だね。

テレビやインターネットの普及で、ある程度の知識は、誰でも簡単に持っている。ではどこで差がつくのか。それがその人の持つ専門知識やノウハウなんだ。

ハイブロー武蔵からの手紙 4

やり直したい方へ

転職も当たり前のような時代となったが、実際には大変な面がある。自分の環境をまったく変えることになるからだ。

転職をしたいという読者の方へ宛てた手紙を紹介したい。

つらいですね。

今までの環境を変えることは。

あなたという一人の存在が抜けることで、それまでの職場も大きな変化を迎えることになりますし、転職先でも変化をもたらすことになるからです。

一人の変化がまわりに大きなインパクトを与えざるを得ません。

一方で、それだからこそ、その変化もまた大事だということでしょう。きっかけは、チャンスですからね。飛躍のチャンスなのです。だから、少々のつらいことも乗り越えていかなくてはいけません。

老婆心からいくつかのアドバイスをさせてください。

新しい仕事はチャンスです。自分を成長させるきっかけをつかむための絶好のチャンスです。

ですから、この時期には何をおいても、しんぼうする心と前向きな心を持ちつづけなくてはいけません。

特に新しい人間関係をつくるときには、態度は謙虚に礼儀正しく、緊張感を持っていることが重要です。最初からなれなれしく、横着な態度というのは印象がよくありませんし、たぶん成長もできないでしょう。なぜなら、自分を変えていくきっかけをつくる態度ではないからです。

最低でも一年間は初々しく、気持ちを新鮮にしておきたいものです。仕事も、一つひとつていねいに、まわりに教わる気持ちで身につけましょう。成果が出始めたら、少しずつ自分の工夫を加えていきたいものです。しかしあわてずに。

なお、いい忘れましたが、辞める会社および職場とトラブルを起こす人は、仕事も一流にまで持っていけない人です。もちろん、問題だらけのところは別ですよ。昔の上司や友人とも、あなたの転職や挑戦を応援してくれるようにできるのが理想です。少なくともケンカしてはいけません。

新しい仕事はきっかけであり、変わるチャンスですが、人生にすべてつながっている人間関係もビジネスも、どこかでつながっていることは否定できないのです。

あなたのことだから、私がいうまでもなかったかもしれません。

では、自分を信じて。

がんばってください。

第5章

失敗を乗り越えてこそ一流になれる

失敗しないという人ほどつまらない人はいない

「何で自分は、こういつもドジなんだろう。失敗ばかりしているんだろう」と嘆きたくなるのは、私だけではないでしょう。

でも、よく考えてみると「失敗するのは当たり前のことじゃないのか」「失敗は、自分が前向きに行動するから起きることじゃないのか」と思うのです。

「オレって失敗なんかしたことない」という人もたまにいます。

「くじけたことも、悩んだこともない。成功しつづけている」などという人も、何人か見たことがあります。

しかし、これはウソですし、もし心の底からそう思っているのであれば、それだけの人ではないでしょうか。

ちょっと小金を持っている（たまには大金も）、少し社会的に上のほうじゃないのかと肩書きに酔っている人ではないのか。そんなものではないですか。あるいは、弱い自分ですから、まわりにもそう言いつづけていることによって自分を励ましているんです。

キリストだっておシャカ様だって、孔子だって聖徳太子だって、人生がすべて順調だったわけではありません。大きな問題が次々と目の前にやってくる。それを前向きにとらえ、解決していく中で、偉大なる真理の発見や教えに気づき、それを拡めていったのでしょう。

志が大きければ大きいほど失敗も多くなる。

夢や目標を失わないから、次々と新しい問題や試練が来るのです。

失敗は成長するためのチャンス、気づくための機会なのです。

失敗は当たり前のことであって、それで落ち込んだり、悩んだりするのも当たり前のことです。

あとは、いかにそれを次に生かすのかです。

そこで、**失敗の理由を考え、失敗への対処を考え、新しい工夫で挑戦していく、実践する**というのが、私たちを成長させてくれるのです。

昔、孟子が述べたように、世の中で大きな成果を出す人には、天は必ずそれに見合う試練を与えるもの、ということです。

その試練や失敗を乗り越えた人ほど大きくなっていくのです。

失敗にも、単純ミスから取り返しのつかないような大きな失敗まである。失敗を望むのではないけれども、失敗を失敗として終わらせたんじゃ何もならないね。どんな失敗も、必ず乗り越えられないとね。

あきらめたら、おしまい。すべては「希望の星の光を見失わない」ことなんだ。

他人の失敗にも学ぶ
——他人の不幸を見て喜ぶだけの人から抜け出そう

他人の失敗を見て喜んでいる人もあります。

これは人間ですから、ラ・ロシュフコーの格言にあるような〝他人の不幸は蜜の味〟も一面当たっています。

他人が出世するより、自分が先を越したい。

他人がいい男・いい女と呼ばれるより、失恋したという話のほうがうれしい。

確かに、人間にはこうした弱さ・いやらしさもあります。

それは認めてよいでしょう。ただ、人間は別の面もあるのです。

学ぶ人生、成長する人生です。

ラ・ロシュフコーのように、**人間の悪い面や欠点を見て喜ぶのも本質なら、人が喜ぶ姿を見てうれしくなるのも真実**なのです。まして、それが自分の存在が役立っているのを知るのなら、喜びもひとしおなのです。

いい換えれば、他人の失敗を見て喜んでいるだけのレベルなら、それまでの人ということです。

ライバルや友人と刺激し合って競争して、より自分を成長させていく生き方こそ、私たちの目指したいところです。

失敗した人がいたら、その人に自分も学びたいものです。自分だっていつ同じ失敗をしてもおかしくありません。

失敗して、傷ついた人がいたら、励ましてあげたい。

できる範囲での手助けもできるならしてあげたい。

失敗して苦しんでいるときは、まわりから人がいなくなるのが普通です。

しかし、**でしゃばらないレベルで、きっちりと助けてくれる人**も中にはいるものです。**こういう人こそ、将来の大きな財産となります。**

私は失敗することで、苦しむことで、ずいぶん人間の勉強をしました。

調子のよいときに寄って来る人たちと、失敗して苦しんでいるときにも近くにいてくれる人たちは、人間としての質がまったく違うのです。

あなたはどちらでしょう。
苦しんでいる友や良きライバルを見て、笑いながら離れていきますか？
できる範囲での手助けもいとわないという気持ちでつき合いますか？
その失敗をわが身に置き換えて学べますか？
人間も人生も、同じタイプ・同じレベルのものばかりではないのです。
他人の不幸を喜んでるだけの人。
他人の失敗に学ぶ人、他人を幸せにして喜ぶ人。
どちらも人間の生き方ですし、あとは、あなたの選択なのです。

人間も、いろんな面があっておもしろいね。

そう、おもしろい。レベルもまったくいろいろ。それだけ、成長していく人と成長していかない人の差は大きいね。特に、これからの時代は。だって、チャンスはみんなに与えられているんだから。

賢者は歴史に学び、本に学ぶ

　ドイツの政治家で、鉄血宰相と呼ばれたビスマルクは「愚者は経験に学び、賢者は歴史に学ぶ」といったといいます。

　確かにそうですが、言い方としては、私はベンジャミン・フランクリンの次のような言葉のほうがより正しいと思っています。

「賢い者は、他人の失敗に学び、愚かな者は、自分の失敗にも学ぼうとしない」
「経験の学校は、高くつく。しかし、愚か者は、それ以外の学校に行こうとしない。行ったとしても、ほとんど学ばない」（拙訳、ベンジャミン・フランクリン著『若き商人への手紙』総合法令出版）。

　なぜなら、愚者は自分の失敗も経験も生かせませんが、賢者は自らの失敗と経験、さらには他人の失敗や経験も学び、自分の生き方の参考にするからです。

このことをさらに具体的にいうと、**一流の仕事ができるようになるためには、自分の失敗から学ぶことともに、他人の失敗をもできるだけ自らの痛みととらえて学ぶこと、**さらには**人間の失敗の歴史を学ぶ**ことです。

ビスマルクがいみじくもいったように、歴史を学ぶことで、同じ失敗をくり返すことを避けていこうというのです。また、歴史の中から勝利の方程式も知ろうというのです。

また、このことから、本を読むことも重要となります。

たとえば、人間というのは、有史以来同じようなことに悩み、失敗もしているのです。もちろん、文化・文明の発展はつづいていますが、構成員たる人間の資質はそう変わりません。

ですから、賢い人はギリシャ・ローマの歴史や哲学を読んで考え、古代中国の論語をひもといて学ぶのでしょう。

たとえば私も、二千何百年も前に書かれた論語の教えにハッとすることがしょっちゅうです。

人間関係についても恐いぐらい多くの名言が、今も私たちを導いてくれます。

友人についてこういいます。

「友人には役に立つ友人と損をする友人がある。正直な友人、誠実な友人、物事をよく知っている友人は役に立つ。責任逃れをする人、気概がなく誰にでも何でも従う人、口先だけの人は損する人である」

あるいは、こうです。

「最高の人格者というのは、よい人を好きになって、悪い人を嫌う人である」

私は、自分の苦い経験とこの孔子の言葉に「そうだ、そうだ」と教わり、自信を持って、絶対つき合ってはいけない人の具体例をたくさん書いています（『めんどうな人間関係で〈絶対〉つまずかない作戦』総合法令出版など）。

これを知らずに、人を悪く思うのはいけないことなどと自分を責めて、つき合うべきでない人とつき合って、いつでも苦しんでいる人がいるのです。それは愚者です。本を読んでいれば、悪い人のことはきちんと悪い人だといえる人のほうが人格者だと教えられ、もっと充実した人生を送れることになるのです。

やはり、**自分の失敗や他人の失敗、人間の失敗の歴史など、多くの失敗例から学ぶことが最も正しい勉強法**ではないでしょうか。

第　5　章

一流になれるかなれないかの分かれ目の一つは、何に学ぶかにもありそう。

唯我独尊を気取ると大変なことになる。ちょっとした成功でいい気にならないこと。歴史から見ると、私たち一人ひとりは、ちっぽけな存在。知っていることもたかが知れているんだ。

真のヒーローは、すべてを人のせいにしないで自分の問題としてとらえる人から生まれる

先に紹介した論語にある言葉で、私が自分の戒めとするものがもう一つあります。

それは、

「一流の人（君子）は、うまくいかなかった理由を自分の問題としてとらえるが、ダメな人（小人）は、これを他人のせいにする」

というものです。

一流の人、一流の仕事というのは簡単なものではありません。

いくらお金を積もうと、いくら座禅を組もうと、いくら人を集めようと、それだけではうまくいきません。

目標に向かって進み、努力し、そして、その途中で次々と出遭う難問や失敗を乗り越えてこその一流です。この過程で求められるのが、自分の成長なのです。

自分の成長は、難問に対する自分の勉強から生まれてきます。失敗したことについて自分のなすべきことはなんだったのか、自分がどうすれば失敗しなかったのかを学ぶことから生まれます。

これを、すべて人のせいにして、自らはぬくぬくと平気な顔をしているようでは、まったく成長も止まってしまうのです。

今、日本の社会が停滞し、経済もよくならないのは、こうした気風がリーダーたちの中から消え失せてしまったからです。

その最大の原因は、日本の官僚中心主義にあります。官僚中心主義による国家・税制もそのために奉仕する国家のシステム。失敗した者が責任を取らずに天下りをしたり、多額の退職金を手にしてしまったりする社会。努力する者が報われ、その子孫も名誉に思うような社会の破壊。こうした日本人の本当のよさを亡くしてしまう政策をとりつづけた政府や官僚の罪には重いものがあります。

しかし、いつか近い将来、これは変わります。今その前兆が多く見られ始めました。**「努力する者が報われる社会」**がもうすぐ目の前です。

この中で、**真のヒーローとなる人は、やはり、すべてを自分の問題としてとらえら**

れる責任感のある人です。

すべてを他人のせいにして平気な人たちは、結局、それだけの人なのです。

私も一流の人（君子）を目指し、決してダメな人（小人）にならないように、うまくいかなかったり失敗したりした理由を、人のせいにしないようにしたいと自分にいい聞かせていこうと思っています。

ボクも、すぐ人のせいにしがちだから反省しよう。

よくよく自分にいい聞かせていく必要があるね。それくらい難しいことだけど、一流になるためにはがんばらねば。

耐える者に報いは必ず来る

私の好きな本の一つに新渡戸稲造の『修養』というのがあります。

ご存知のように、新渡戸稲造は『武士道』を書いて世界中に日本人の伝統精神を示しました。『武士道』は海外で大ベストセラーとなった本ですが、『修養』は日本国内で大ベストセラーとなった本です。映画「ラスト サムライ」で再び『武士道』も注目を浴びていますが、私は、〝新渡戸稲造〟自身にも、再び大きな注目がなされてほしいと願っています。

新渡戸稲造は、猛勉強をして留学し、帰国後、札幌農学校の教授や旧制第一高等学校の校長などを歴任し、国際連盟等で活躍した人物です。日本への諸外国からの誤解を解こうと身を粉にして働きました。ところが日本の社会は、軍官僚エリートが主導権を握り、新渡戸稲造は孤立していきます。しかし最後まで、心ない多くの日本人たちの批難の中を、耐えてがんばったのです。「腰抜け」と呼んだ軍人や一部のマスコミこそ本当の腰抜けなんです。今、日本人が真の腰抜けとならないよう、『武士道』や『修養』に学び、気概と耐えてがんばる力を養うべきではないでしょうか。

私が特に好きな新渡戸稲造の文章です。

「シラーは、世界の歴史は世界の審判なりと言ったが真にそうである。これを思えば、いかに苦しいことがたとえあったとて、ヤケになることの短慮の極みであることが分かる。苦しみに堪えれば、必ずその報いは来る。悲しむ者は幸せなりという教訓さえある。苦しみはいつまでも続くものではない。ゆえに逆境にある人は常に『もう少しだ、もう少しだ』と思うて進むがよい。いずれの日か、必ず前途に光明を望む」

新渡戸稲造はキリスト教徒でした。マタイ伝にある言葉、

「最後まで耐え忍ぶ者は救われます」

にも勇気をもらっていたでしょう。

世の中にある成功法則の絶対原則は、

「絶対にあきらめない」

なのです。

最後まで耐える人には、必ず、大きなごほうびが神様から、天から与えられるのがこの世のしくみの一つなのです。

これを信じていれば必ず、大きな〝人生の宝物〟を手に入れることになるのです。

すべては**「希望の星の光を見失うな！」**です。

失敗しても、苦しくっても、耐えて希望の星の光に向かって進もう。

すべては「希望の星の光を見失うな！」なんだよ。

ハイブロー武蔵からの手紙 5

リーダーシップに悩む人へ

リーダーシップは難しい。そして悩む人も多い。企業でもリーダーシップ研修は数多く実施されているが、そう簡単に身につくものではないから、成果も上がりにくい。

地方の若い営業所長の方から求められたアドバイスに次のように答えた。


本社の幹部の方々は、自主性なんて重んじていたら絶対に成果は上がらない、強圧的に、脅かしてでないと（それこそ暴力や給料で脅かしてでも）、部下はついてこないんだとおっしゃっているとか。

確かに、こわもてなタイプ、ヤクザっぽいタイプの人は、一見部下をうまく引っぱっているように見えますね。

ヤクザにリーダーシップを学ぼうという本もベストセラーになって

いるくらいですから、理解できないではありません。
ただし、私は、この力ずくのリーダーシップや、恐怖心を利用したリーダーシップが最後までうまくいった例を見たことがありません。

人間はバカではないのです。

心の中では反発し、嫌がっているのに、いつまでもついていけるわけがありません。

では、どうしたらよいのでしょうか。

まず、何が何でも自分の仕事ぶりが大事です。自分がみんなに尊敬されるくらいに、信頼されるくらいに仕事に打ち込み、成果を出せるのかです。

次にあなたの人間性です。みんなの幸せをも願えるのかです。自分が一番でけっこう。しかしそれと同時に、ともに働く人たちの人生もすばらしいものになってほしいと心から願っているのかです。上の人のご機嫌ばかり、または本社の人のご機嫌ばかりうかがう人には誰もついてきません。たとえ脅かしてもです。

部下の人への本当の愛情があるのなら、叱っても人はついてきます。

何もいわなくても、あなたの進む方向に向かっていきます。あなたは、それをサポートしてあげるだけでよいのです。

最後に、自分に夢がありますか。自分の目を輝かせていますか。みんながあなたのようになりたいと思う人になっていますか。笑顔はステキですか。素晴らしい笑顔の練習をしましょう。よい笑顔はよいリーダーの条件の一つです。本はもちろん読んでいるでしょうね。しかし、自慢してはいけませんよ。

あなたが変われば部下も変わります。変われない人は去っていきます。きっと、本社も幹部の人たちも、あなたを無視できなくなりますよ。必ず頼ってきます。

以上が私の考える理想のリーダーです。

第6章　人は仕事を通じて成長する

人間的成長を目指しつづける人にかなう人はいない

仕事の世界でも人生でも、結局**最後に勝利する者は、人間的成長を目指しつづけている人**ではないでしょうか。

ここで勝利というのは、お金や地位を手にするということよりも、生きる喜びを手に入れることといったほうがより正しいかもしれません。

お金を稼ぐことはとても重要なことです。

そのお金で、会社は生命を与えられ、そこで仕事をする人たちの生活の糧も得られます。

より高い収入を得るためには、会社での地位がより高く、社会での地位も高いほうがよいでしょう。

私は、このお金や地位を得ていくために努力することを否定するつもりはありません。いや、まずは、この二つを手にするための努力をすべきです。

ただ、人間はおもしろいもので、お金や地位を手に入れた人が幸せかというとそうでもないのです。

やっぱり、もがき苦しんでいる人が多いのです。

人間は、他の動物と違って精神の働きが活発です。精神的な成長と安定があって本当の喜びを手に入れることができるもののようです。

つまり、人間的成長といってよいでしょう。

この人間的成長をどこで手に入れることができるかといいますと、一番に考えられるのが仕事を通じた場です。仕事に打ち込んでいる中で出遭う問題や苦しみを乗り越えていく過程で、最も人は成長していきます。仕事で手を抜いたり、仕事で何ら見るべき成果があげられない人は、成長も喜びも少なくなります。もちろん報酬や地位はいうまでもありません。

仕事の他には、広く人間関係が考えられます。家族や友人などと刺激し合い、教わり合い、学び合っていきます。

また、人は読書や学問、勉強で人間的成長をはかっていきます。

私が、人生の成功を「自分のやりたいこと、好きなことを見つけること。そしてよい人間関係をつくること」といいつづけているのも、こうしたことからです。

人は、**人間としての成長をはかっていくことによって、本当の意味での仕事の喜びと生きる喜びを手にすることができる**のです。

たしかにお金や地位もほしいよね。そのために今がんばっているけど。さらに上を目指していこう!

お金持ちの人だってつまらない人がいっぱいいる。偉そうにしている人だって情けない人が多い。一流の人というのは、精神の成長をも実現していく人のことなんだな、と最近わかってきた。

難しいことをいう人に一流の人はいない
――わかりやすい、おもしろい、ためになる、を目指して

一流の仕事は、難しいことを考え出すことではないと思います。

というのは、**この世で本物といわれたり真実と謳われたりするものは、いたってシンプルで、わかりやすいものだからです。**

ただ、その単純でシンプルなものができるためには、その仕事が本当に理解できて初めて可能だといえます。

たとえば、学問や本の世界でいうと、結局最後まで生き残っていくのは、わかりやすいものです。いくら読んでも、いくら勉強してもわからない難解なものは、長く生き残れません。

音楽や芸術もそうです。

わかりやすくて、おもしろい、というものがやっぱり残っていきます。

若いころは、どうしても人と違ったことをやりたくて、どんどん頭でっかちになって難しいものを求めていきがちです。

仕事でも、難しく考えがちです。

しかし、違うのです。

本当によいものは、わかりやすくて、おもしろくて、ためになるものなのです。

いくら高度な技術を駆使していても、最終的に消費者に届くものは、やはり、わかりやすくて（使いやすくて）、ためになるものでないと競争に勝てません。

パソコンやデジタル電化製品も、だんだんそういう方向になっています。

受験勉強のときのことを思い出すと、やはり人気があって結果も出ている指導者は、わかりやすい、おもしろい、役に立つ（ためになる）という教え方をする人でした。

授業で難しい話をされても、よくわからない文章を見せられても、こちらは何のことやらさっぱりわからないことがあります。

「たぶん教えているほうも、わかっていないのではないか」

そんな気がしてしまうのです。

仕事も、そういう意味で難しそうだからといって、逃げ腰になる必要はありません。

わかりやすく、おもしろく、ためになるものを目指して打ち込んでいけば、必ずものになるはずです。

私も、文章を書くときは、いつも

①わかりやすい

②おもしろい

③ためになる

の三つを目指したいと思っています。

一流の仕事とは、そういうものだと信じているからです。

やさしい、おもしろい、ためになる、というのがポイントだね。

世の中には、物事すべてを難しくしてしまって威張りたがる人がいるけど、それは一流じゃないってことよ。

自分の人生、他人の人生を肯定的に考えられる人が〝人財〟といわれるようになる

人間の歴史を見ると、けっこうつらいものがあります。

何十年前、何百年前と、ほとんどの時代を通じて、人は飢えに苦しみ、戦争で傷ついていました。もちろん好きな職業にもつけず、好きな人とも結婚できないし、恋愛さえできないというのが当たり前だったのです。

それでも人は懸命に生きてきました。

おそらく泣いてばかりいたわけではないでしょう。

嘆き苦しみに、もだえているばかりではなかったでしょう。

現実には確かに厳しいことがたくさんあります。しかし、その中にも、うれしいこと、楽しいこと、幸せに感じることもあったはずです。

夢を持ち、希望を持って「明日は明日の風が吹く」「きっと私の未来は明るく、世

の中もよくなっていく」と思っていた人も多くあるはずです。

実際に人間の歴史は、だんだんそうなっているのを見ればわかります。**自分の人生を肯定的に見られる人**が、やっぱりうまくいっています。**他人も、できる限り肯定的に見てあげる人**が、やっぱりよい仕事をしています。**人生を肯定的に生きていく人**が、やっぱり人間的にも成長しています。

目の前にやってくる苦難や困難は、みんな同じです。

その苦難・困難を前に、すべてあきらめ、人生を否定的に考え、他人をも認めない人に成長はないでしょう。仕事も大してできないでしょう。

苦難や困難をいかにして乗り越えるかを考え、それさえも自分を成長させるためであると肯定的にとらえることができたならば、その人の未来も本当に明るくなるような気がしませんか？　必ず、よい解決方法を見つけるはずです。

人間の発展というのは、こういう肯定的に生きる人が支えてきているのではないでしょうか。仕事の世界でも〝人財〟といわれるのは、このような人たちなのです。

私はよく、政治や社会のあり方、また偉い人たちの批判もしますが、私自身はかなり肯定的な人間です。いや楽天的といったほうがよいかもしれません。

生きている以上、すべてが必ずよくなっていくと信じて疑わないのです。たとえ失敗して、のたうち回っていても、心の中で「さあ、これで行けるぞ！」と思っているのです。

他人の人生もできる限り肯定的に見ていきたいもんだ。なかなかできないけど、努力するよ。

物事を悪く考えていくとキリないもの。ゆったりと大らかに、肯定的に見ていくと、よい知恵も湧くし、力も発揮できると思う。

自分の目標をいつも確認し、
熱い思いとエネルギーをそこへ向かわせよう

人生も仕事もエネルギー。つまり熱意のある人が結果を出していきます。

エネルギーの強い人は、チャンスを見逃さないし、チャンスをつかんだら逃してはならないとがんばります。

熱い思いやエネルギーは自分だけでなく、他人をも動かします。

たとえば、あなたに好きな人がいたとしましょう。

好きな人を自分に向かせるのは、熱い思いがあるからでしょう。

熱い心で、エネルギーで、相手と時を過ごしたい、喜びを分かち合いたいという気持ちが伝わるから、恋愛も生まれるのではないでしょうか。

だったら、仕事も同じことがいえそうです。

私の仕事に対する思いが強いから、エネルギーが出ているから、仕事もよりできるようになっていくのでしょう。

では、この熱い思いはどこから生まれてくるのでしょう。

一つには、先に申しました人生を肯定的に考えることからでしょう。自分を肯定し、他人を肯定し、世の中を肯定し、そのために役立つ存在になっていこうと思うことが大切です。

次に、**好奇心**や、人生の真理を知りたいという**問題意識**があることも必要でしょう。すると、**感受性**も強まり、感じる力がどんどん出て、エネルギーとなりやすいのです。

さらに大事なのは、**自分の夢や希望を持っていること**です。そして、その**夢や希望をさらに具体的な目標にまでしておくこと**です。**夢や希望を紙に書き、毎日眺めて確認する**のです。こうしているうちに、自分の潜在意識もいつのまにか活発になり、次第に、その目標に向かったエネルギーが生まれてくるようになるでしょう。

こうして生まれたエネルギーを仕事に向かわせ、人生に向かわせていくうちに、自分の目標も必ず手に入れられるようになっているはずです。

必ず一流の仕事ができる人になっていくはずです。

自分の大切な生き方、夢や希望、そしてそれに結びついた具体的な目標を立て、そこに熱い思いを向けていきましょう。
あなたの人生はもう、あなたの描く人生となっていることでしょう。

エネルギーのある人になろう。
①肯定的な生き方
②好奇心、問題意識、感受性
③人生の具体的な目標
だね。

恋愛も人生も仕事も、私たちの熱い思いから生まれるんだ。

ハイブロー武蔵からの手紙 6

困難な時代から私たちのための時代へ向けて

今を生きる私たちは、困難な時代を生きなければならないようです。

なぜ困難な時代なのでしょうか。

それは、ひたすら経済の拡大を目指してきた時代が、一つの区切りをつけたためです。

世の中が縮んでいっているといってもよいでしょう。

だから、全体的に物も売れなくなるし、給料も下がっていくし、仕事も減っていくのです。

それによって、ほとんどの人が前より悪くなった、生きづらくなったと感じるのではないでしょうか。

しかし私は、生き方としては、どんなにつらくても〝明るく前向きに〝を心がけていくべきだと思っています。失敗しようが、仕事を一時失おうが、人に欺かれようが、ひどい仕打ちを受けようが、「人生いろいろあるわ」と、ニコッと笑って「さあ、次は何に挑戦して自分をワクワクさせようか」と気持ちを切り換えていくのです。

よく考えてみると、今の困難な時代というのは、よりすばらしい時代、一人ひとりがより幸せになるための時代を迎えるための〝生みの苦しみ〟だといえるのではないでしょうか。

人間にとって本当に大切なことは何か。

それは、領土を拡大していくことではなく、環境を破壊するまで生産を増やすことではなく、みんなが同じ生き方をすることではないんじゃないか。

では、人間はどう成長していくのか、社会はどうなっていくべきなのか、などを私たちの時代で方向づけを探しているように思えるのです。そのための困難ではないかと思うのです。

だからこそ、何としても生き抜いて何かをつかみたいと思うのです。

きっと、明日は明るい。

必ず、自分を生かし切る人生が待ってくれています。

仕事においても、自分を成長させ、成果を出すことで自分のまわりや世の中に役立っていくようになります。

そう信じていこうではありませんか。

どんな苦労も試練も、明日の大きな喜びにしていこうではありませんか。

あとがき

ポチのあとがき

仕事ってやりがいがあるなあ、楽しいなあって思えるようになりました。

ますます、この本に書かれた技術を身につけ、生き方に取り込み、よい仕事をしていこうと決意しました。一流の生き方をして、わが人生を大いに豊かで実り多いものにしていきます。

たまのあとがき

仕事は、食べていくためだけではなく、奥深いものであるとよくわかりました。

仕事の一つひとつが自分の全人格、全精神を反映していくもののように思えます。そればかりか、その過程で私の成長がはかられていくことをよく理解しました。仕事こそ、人生における喜びを支える大きな柱の一つなのです。一流になるための心がまえと技術を決しておろそかにしません。

ハイブロー武蔵のあとがき

今回の本では、仕事の持つ多面的な役割を浮き彫りにでき、かつ仕事の技術が一流になること、すなわち一流の生き方となっていくことを根本から説くことができました。

それも、いつも私を応援してくださる読者の皆様からの熱い支持のおかげです。たくさんのお手紙やメールの中から、多くのことを学ばせていただきました。本書でもいっぱい活用させていただきました。ありがとうございます。

なお、本書の企画編集に際しましては多くの方々の協力をいただきました。

特に、おもと出版の皆様、そして総合法令出版営業部の皆様、同編集部の関俊介様、金子由香利様にお世話になりました。この場を借りてお礼申し上げます。

執筆者紹介

ハイブロー武蔵（はいぶろー むさし）

ビジネスエッセイスト。福岡県生まれ。海外ビジネスにたずさわった後、数社の会社を経営し、現在エッセイストとして活躍中。著書に、『希望の星の光を見失うな！』、『読書力』、『読書通』、『ハイブロー読書術』、『本を読む人はなぜ人間的に成長するのか』、『勉強人』、『「儲かる！」しくみ』、『本を読む理由』、『生きがいの読書』、『自己信頼』、『いますぐ本を書こう！』、『サクセス・スパイラル』、訳書に『ガルシアへの手紙』、『ローワン』、『人生を幸せへと導く13の習慣』、『若き商人への手紙』、編著に『ポチ・たまと読む人を好きになる技術人に好かれる技術』、『ポチ・たまと読む思いを伝え、心をつかむ技術』、『ポチ・たまと読むココロが成長する言葉の魔術』、『ポチ・たまと読む恋愛・結婚で最高の自分を引き出す方法』、『ポチ・たまと読む なりたい自分になれる魔法の習慣』（すべて総合法令出版）などがある。

ホームページ　http://www.highbrow634.net

お手紙のあて先　〒107-0052　東京都港区赤坂1-9-15
日本自転車会館2号館7階
総合法令出版　第2編集部気付
ハイブロー武蔵　行

ポチ・たまと読む
一流の仕事ができる人になる技術

2004年4月8日　初版発行

著　者　ハイブロー武蔵＋ゆかいな仲間たち

発行者　仁部　亨

発行所　総合法令出版株式会社
〒107-0052　東京都港区赤坂1-9-15
日本自転車会館2号館7階
電話　03-3584-9821（代）
振替　00140-0-69059

装幀・造本　BUFFALO.GYM

印刷・製本　中央精版印刷株式会社

ISBN4-89346-840-5 Printed in Japan

総合法令出版ホームページ　http://www.horei.com

「ポチ・たまと読む」シリーズ

『ポチ・たまと読む みんなのための日本国憲法』838円
●もう1度、憲法について考えてみませんか?
ハイブロー武蔵+総合法令出版編集部 編

『ポチ・たまと読む 人を好きになる技術 人に好かれる技術』838円
●人づき合いのテクニック、こっそり教えます

『ポチ・たまと読む 自分を変えてくれる本にめぐり合う技術』905円
●人生は出会う本で変わる! ポチとたまのオススメ107冊も紹介

『ポチ・たまと読む 思いを伝え、心をつかむ技術』952円
●うまく伝えたいあなたの気持ちがちゃんと伝わる秘訣が満載!

『ポチ・たまと読む ココロが成長する言葉の魔術』850円
●言葉の力で奇跡を起こし、可能性を伸ばそう!

『ポチ・たまと読む 恋愛・結婚で最高の自分を引き出す方法』850円
●恋愛・結婚のこと、ちょっとマジメに考えてみませんか?

『ポチ・たまと読む なりたい自分になれる魔法の習慣』880円
●運がよくなる言葉を口ぐせにして、ますます素敵な自分に!

『ポチ・たまと読む 一流の仕事ができる人になる技術』952円
●一流の仕事ができれば毎日が楽しくなる!
ハイブロー武蔵+ゆかいな仲間たち 著

『ポチ・たまと読む心理学 ほっとする人間関係』952円
●「こころのルール」を知れば自分が見える・他人が見える

『ポチ・たまと読む心理学 落ちこみグセをなおす練習帳』900円
●いまはつらくても、必ず「こころ」は強くなれる
林 恭弘 著

シリーズはこれからも続きます。ご期待ください!

※表示価格は本体価格です。別途、消費税が加算されます。